U0112277

中国画颜色的研究

于非闇 著

浙江人民美术出版社

出版说明

于非闇（1889—1959），字仰枢，号闲人、老非等，山东蓬莱人。书画家，精于花卉翎毛，并善于鉴赏古器。因祖父、父亲皆擅书法，喜欢碑帖字画，故其幼时即得书画家传。早年曾师事齐白石，1935 年起专心研究工笔花鸟画。他的绘画作品，"勾线用笔吸收书法技巧，填色主张柔婉鲜华，表现出形象的气质"，代表作有《玉兰黄鹂》《丹柿图》《和平鸽》等。另著有《非闇漫墨》《中国画颜色的研究》《我怎样画工笔花鸟画》等。

《中国画颜色的研究》一书初版于 1955 年，由朝花美术出版社出版。本书是作者研究传统中国画颜色的专著，分章阐述了中国画颜色的品种、性质和发展的情况，还介绍了中国墨的特色，以及民间画工、古代画家、现代国画家使用颜色的情况、方法等。

这次以上述初版本为底本，重新加以整理后出版。对于底本中发现的个别错漏处，我们做了订正。需要特别说明的是，书中有大量的古代文献征引，其中个别与通行版本略有出入，为尊重作者原意和著作原貌，除极个别明显错误处予以订正外，一仍其旧。读者在阅读使用过程中，可稍加留意。

全书脚注为编辑所加，另外我们还于书末附录了一些图文，希望能为大家的阅读提供参照和方便。

浙江人民美术出版社

目　录

第一章　中国画颜色的品种及性质

叙　说

中国绘画有悠久辉煌的历史，几千年来，经过很多画家的钻研创作，已形成独特的形式与风格，遗留下来的经验非常丰富、广泛。我们如果能够以科学的态度，加以分析、批判、接受，对于发扬我国民族绘画的传统，创作具有民族形式的现实主义的作品，是有莫大益处的。在接受民族绘画遗产时，关于物质材料和技法上的特点的了解，也不容忽视，所以如何认识和使用中国画一向使用的颜色，当然是一个重要的课题。它是中国画的物质基础之一，对于创造民族形式的艺术，具有重要的作用。而当前有不少美术工作者，并不完全熟悉我国优秀的传统的绘画颜色，这一情况在一定程度上是会影响我们"推陈出新、百花齐放"的工作的。

今天，我们还可以看到不少着有色彩的古代绘画作品，重要的如：辽阳、望都等地的汉墓壁画，西北各地的石窟壁画，以及隋展子虔的《游春图》（故宫博物院藏）、唐周昉的《簪花仕女图》[1]（东北博物馆[2]藏）、五代顾闳中的《韩熙载夜宴图》（故宫博物院藏）、宋赵佶的《芙蓉锦鸡》（故宫博物院藏）等，这些作品距今最远的已有二千年前后，近的也有八九百年，而画上的颜色都还保持着一定的艳丽，还具有各种色调气氛，显示了古代画家使用颜色的才能。

从文献上看，距今一千四百多年前，在画家谢赫传述的"六法"[注一]中，提出了"随类赋彩"的理论。距今一千一百多年以前，美术批评家张彦远在他作的《历代名画记》[注二]中，叙述了当时绘画颜色产地、使用情况以及历久不变的原因。后来各代有不少画家通过实践或多或少写出了使用颜色的经验，这些材料对于研究中国绘画的颜色问题都有很高的价值。

第一节　矿物质颜料

一、赤色

甲　朱砂　又叫辰砂，属于辉闪矿类，主要成分是硫化汞（分子式HgS）。它生在石灰岩中，成块形、柱形、板形、马牙形、箭头形。我国主要产地分布在湖南的凤凰、晃

[1]见附图01。
[2]现辽宁省博物馆。

县[1]、麻阳、乾城[2]，贵州的玉屏、毕节、贵筑[3]、安顺、四川的西阳、秀山、彭水[4]，云南的保山、大理等地。最好的是表面光滑像镜子似的天然朱砂。已经提炼出水银的，不宜作为绘画颜料。

　　乙　朱标　将朱砂研细，兑入清胶水，浮在上面比黄丹更红些的叫朱标（"标"也可写作"膘"，"膘"是说朱砂上浮的部分像油脂，"标"是指它浮出的部分，但意义是相通的）。

　　丙　银朱　又叫紫粉霜。这是我国古代发明最早的化学颜料。从前的制法是：用水银一斤、石亭脂（药名，即是制造过的硫黄）二斤同研，盛入大口瓦罐内，上面用铁锅盖严，再用铁丝把锅和罐拴紧，用盐泥封固，放在铁架上，下面用炭火烤罐。在火烤时，另用棕刷蘸冷水，刷上面盖着的铁锅，随烤随刷冷水，大约经过一个钟头即成。俟冷后，揭开铁锅，锅里和罐里全生着银朱，石亭脂仍沉在罐底。水银一斤，可得银朱十四两。鸦片战争以后，海运大开，水银出口，价值既贵，用它提炼银朱的很少。主要的产地是福建漳

〔1〕今属新晃侗族自治县。

〔2〕今属吉首市。

〔3〕今属贵阳市。

〔4〕以上三地今皆属重庆市。

州。到今日，连一包（重一两）银朱也很难找到了。今日用"一硫化汞"替代。

丁　赭石　又叫土朱，有火成的，有水成。入画的赭石，是出在赤铁矿中的。原石伴随赤铁矿产出，用手抚摩它，感觉滑腻的是好原料。原产山西雁门一带，古属代郡，所以又叫"代赭"。凡是有赤铁矿的地方，全产赭石。

戊　黄丹　又叫漳丹，产福建漳州。今各颜料店均有。制法是把制作铅粉剩下的铅，再炒一下，即成黄丹。

二、黄色

石黄、雄黄、雌黄、土黄是根据颜色浓浅分的，其实都产在一起，成分是三硫化二砷（分子式As_2S_3）。石黄是正黄色，雄黄是橙黄色，雌黄是金黄色，土黄是土的黄色。甘肃是重要产地，特别是湖南有世界最大的雄黄矿。这四种都忌和铅粉同用。

甲　石黄　又叫黄金石，它的外面疏松、色黯、有臭味的不要，里面一、二层是好石黄。

乙　雄黄　在黄金石里被石黄色裹着的，或是成块不被包裹着的。又有泛些光泽的，色更深，叫雄精。

丙　雌黄　雌黄也生在黄金石中，它是一片一片的，好像云母石，很容易碎，所以民间的俗语有："四两雌黄，千层金片。"

丁　土黄　这即是包在黄金石外面臭味最重的土黄色。其实前面那三种也都有些臭味。它的主要成分是氧化铁及氢氧化铁（分子式$Fe_2O_3 \cdot 3H_2O$），余为陶土。

三、青色

梁朝陶弘景（画家，也是药物学家，452—536）《名医别录》上说："空青生……有铜处。"这话和近世学者认为石青是盐基性碳酸铜（分子式$3CuO \cdot 2CO_2 \cdot H_2O$），产于赤铜矿是相合的。它的品种有空青、扁青、曾青、白青、沙青五种，均有毒。分述如后：

甲　空青　它的块状像杨梅。据宋代苏颂（1058年前后）说："今信州亦时有之，状若杨梅……其腹中空，破之有浆者绝难得。"（见《图经本草》）北宋以前的医家画家喜谈空青，说它出自金矿或是铜矿。我只见过四川出产、形象似杨梅果的石青，中间仅有些小的空隙，并无浆水，也不甚好用。

乙　扁青　又叫大青，云南、缅甸都有。产云南的叫滇青，产缅甸的叫甸青。这就是清代王概所说的梅花片石青（见《芥子园画传》）。缅甸产的块更大，但不如滇青娇艳。

丙　曾青（曾应作层次的"层"字解）　它是一层深一层浅，或是几层都是深色的青。画家喜爱它的浅青色，就把浅色多的汇集在一起研炼，研炼出来的浅青叫天青。出山西、湖南、四川、西康[1]、西藏。

丁　白青　又叫碧青，出云南、贵州、四川。比天青更浅，无光泽，画家用得很少。

戊　沙青　又叫佛青，又叫回青，是从西域传来的颜料。我们古书上虽无明文记载，但是在佛教绘画上、建筑彩画上，无论是敦煌的壁画，还是明清的佛像，常用沙青。它分粗沙、细沙两种，粗的颗粒有谷粒大小，细的更小些，但不是粉末，每包重四十八两。现在西康、西藏、新疆等地仍有。民间画工把产自西藏的叫"藏青"。

四、绿色

宋范成大《桂海虞衡志》上说，绿"出右江有铜处，生石中，质如石者名石绿。又有一种脆烂如碎土者名泥绿"。这也和现代说石绿产在铜矿中的相合。均有毒。现分四种叙述如后：

甲　石绿　成块状的，云南会泽、东川、贡山出产的最好，广西南丹、宾阳次一些。还有波斯、缅甸也产大块石绿。

乙　孔雀石　也是块状的。有自然生成、浓淡相间的花纹，很像孔雀翎毛的翠绿色。出自我国西北和马来半岛。民

[1] 旧省名，已撤销。

间工艺品使用它作雕嵌的装饰。零碎断片，也可以制成绿的颜色。

丙　铜绿　又叫铜青。不畏日光，是它的特点。这也有在铜矿中自然生成的。从前人工的制法是：把黄铜打成板片，用好醋泡一夜，放在糠内，微火烤薰，刮取铜绿。这也是我国人民发明最早的化学颜料［见李时珍著《本草纲目》（1590年出版）和宋应星著《天工开物》（1637年出版）］。现在的制法是：用胆矾溶液加碳酸钠，取沉淀。

丁　沙绿　出西藏和波斯国，成为沙粒，色较深暗。

五、白色

白色在民族绘画上和大青大绿一样，都被认为是"重色"（对淡着色而言）。这里包括白垩、铅粉、蛤粉。蛤粉虽是由贝壳煅成，但是经过煅炼已变为石灰质，所以也把它列入矿物质的颜料里。

甲　白垩　又叫白土粉。成分是碳酸钙（分子式$CaCO_3$）。古代绘画非常重视它，在公元536年以前就把它称作"画粉"（梁陶弘景）。这是汉魏以来壁画上主要的材料。它随处都有，河北、山西、安徽、河南出产的更好些。它是历久不变的（敦煌北魏的壁画，用它合银朱或漳丹调成了肉色，画人面、身手，后来银朱、漳丹变成黑色，也影响了它）。

乙　铅粉　又叫胡粉、官粉、亚铅华。成分是盐基性碳酸铅［分子式$2PbCO_3 \cdot Pb(OH)_2$］，就是从前妇女擦脸的粉。因把它制成银锭形，所以又叫锭粉。也是我国古代用化学方法制造出来的颜料。一说是汉张骞使西域时带来的方法。它的造法是：用铅百斤，熔化成薄片、卷成铅筒，把它安放在木桶里，桶底和桶的中间各安放醋一瓶，把盖盖严，用泥和纸封固，不让走气。再用风炉通火，经过七天，打开盖，铅桶都生了白霜，把这霜扫入缸内，再将铅筒入桶，依旧制造，以铅尽为度。每扫下白霜一斤，掺豆粉二两、蛤粉四两，即成铅粉。如果把铅粉放在炭炉里，它仍返还成铅。所以用铅粉绘画，日久便变成黑色，叫作"返铅"。再用"双氧水"轻轻地洗，又返回白色。

丙　蛤粉　又叫珍珠粉，这也是古代民族绘画重用的颜料。宋代绘画都用它代替白垩。制法是：拣选海中的文蛤，蛤壳坚厚，壳口微带紫红色的，用微火煅成石灰质，研到极细，即成白粉，注水后，就由生石灰（贝灰）变成消石灰。兑胶使用，永久不变。

六、黑色

黑石脂　产湖北、湖南，入药，中国药店可以买到。它的别名叫石墨。它的性质是入口黏舌，和煤不同；主要的成分是炭。古代画家把它研细，用它画须眉。

以上是现在常用的矿物质颜色。此外，如玛瑙、珊瑚、宝石、松花石、琥珀……不是普遍被使用的颜色，恕不缕述。

第二节　植物质颜料

一、**红蓝花**　又叫红花，很像蓼蓝，球形花卉。早晨采花，一二日又由汇上生出，直到采完为止。把花捣碎，用布绞去黄汁，阴干，捏成饼。用时以温水泡开，用布拧汁，兑胶使用。今只有一些少数民族地区，仍用它染红色。在过去，我们喜庆事所用的红纸，都是用它和"茜草"染成的。自鸦片战争之后，外国的洋红面、品红等大量入口，它和蓝淀在颜料市场上就逐渐被舶来品代替了。

二、**茜草**　是蔓生的草，叶像枣叶，方梗中空，每节生五叶，开红花。它的根是紫红色，用根挤熬成水，制成红色颜色。现在河北、河南、西北仍有野生的茜草。它的红色比红蓝花更红。

三、**紫鉫**（鉫音矿）　又叫紫梗，又叫紫草茸。产于我国西南边疆上。入药，电气工业上也需用它。它是一种天然的树脂——虫胶。远在唐代，张彦远就说它是"蚁鉫"，是制成紫红色颜色的原料。它不溶解于水，研细兑胶就可使用。

四、**胭脂**　又写作燕支、燕脂、䩞䩠、臙脂。它是用上面所述的红蓝花、茜草、紫鉚做成的。据传说，在商代纣王的时候，人民就用红蓝花汁创造了胭脂，作为妇女的"桃花妆"（见《中华古今注》）。一说是汉张骞使西域，从"焉耆"国带来了"焉支"（即胭脂）。胭脂饼用在妇女的化装上，是和"锭粉"一样的。晚近也由"洋胭脂"（装盒的化妆品）代替了它。到今天，真正的胭脂饼就很难找到。作者从前找到广东的胭脂饼，它的颜色近于紫，是紫鉚制成的。也找到过福建的胭脂饼、杭州的棉花胭脂，这都是用红蓝花、茜草制成的。听说，甘肃、新疆和西南边疆等地的胭脂格外地红，只不知现在还有没有。民族绘画的绯红色、紫色和在朱砂上再染红色，在古代都是以胭脂为主要的颜色。不过，胭脂画成的画，经过年代久了，也要褪色。现在用西洋红代替它，更加鲜艳。

　　五、檀木　又叫苏木，是染木器用的。色深紫，也可熬水收膏使用。

　　六、藤黄　藤是海藤树，落叶乔木，高五六丈。这是热带金丝桃科的植物。由它的树皮凿孔，就流出胶质的黄液，用竹筒承接这液，等它干透，中间略空，就是我们绘画上所用的"笔管藤黄"。藤黄和前节所说的石青、石绿、铜绿都有毒，不可入口。

　　我们在颜料店里买它时，颜料店总是叫它"月黄"。因为越南产的顶好，其次是缅甸、泰国。店家把"越"简化成"月"，一直到今，便叫它"月黄"。这种颜料，在唐代以前即输入我国，称为"真腊画黄"，又称"林邑之黄"。

七、槐花　用未开的槐花蕊制成的是嫩绿色。用已开的花制成的是黄绿色。制法都是采下来用沸水一烫，然后捏成饼，用布绞出汁来即可。尤其是使用石绿时，必须用它罩染。

八、黄檗　北京叫黄木，是四川出产的。颜色深黄，可以防蠹虫。可以煎熬成水，兑胶收膏使用。

九、生栀子　中国药店可以买到。捣碎去皮煎水，兑胶使用，可以代替藤黄。

十、花青　是用蓝淀（又作靛）制成。我国用蓝淀染色，发明最早。古书如《月令》，如《说文解字》，都说"蓝"是染青色的草。到了光绪末年，各地染布逐渐改用了洋蓝（煮蓝），民族绘画用的花青，也采用普鲁士蓝（简称普蓝）制成的了。现在只有西南苗族还种植它，还用它染布。它比普蓝颜色更加鲜艳，能抗拒日光，不太变色。

蓝是蓼科植物，一年生草本，茎高二三尺，叶是椭圆形，叶柄基部有包茎的筒状托叶。秋天由叶腋长出长茎，茎尖上开穗样的红色小花，有带红色的花萼。它的叶，就是做蓝淀的原料。它有四五种，都可做蓝淀。

蓝淀的制法是：在秋天采集了"蓼蓝"或是"大蓝"的叶，一层一层地铺在木板上，喷上些水，上面盖上麻袋，使它发热发酵。发酵之后，把麻袋取下，等它干燥，再上下搅合，再喷上水，再使它发酵。这样多次，至不发酵为止，就制成了天然蓝淀。这个比用石灰去沤它，较为干净。

画家把这样制成的蓝淀，放在乳钵里去擂，大约四两蓝淀，要用八小时去擂它。擂研以后，兑上胶水，放置澄清。澄清后，把上面浮出的撇出来，所撇出来的，就是我们所需要的好花青。

十一、墨　这是民族绘画的主色——黑色。墨，是我国劳动人民创造出来并在世界驰名的。分松烟墨、油烟墨、漆烟墨三种，主要产于徽州。

十二、百草霜　又叫灶突墨，又叫锅底烟。这是烧柴、烧草的黑烟炱，兑胶使用。画须发、画翎毛都用它。

十三、通草灰　又叫灯草灰，是把通草（入药）放在铁筒内，烧成了灰，兑胶使用。它是画蛾、画蝶一类专用的黑色。

以上是一般常用的植物质颜色，中国画家通称它们作"草色"，是对矿物质颜色而言的。矿物质颜料通称"石色"。

西洋红早已被中国画家所采用。它是动物的沉淀色质。它不浸蚀纸背，不染笔毛。旧德国"大德颜料公司"出品的是粉末，旧德国"派利堪厂"出品的是块状，已加入胶。苏州"姜思序堂"卖的是前一种。这两种，无论是兑冷水、热水，都没有腥臭气味，价钱都很贵。另一种西洋红是英国制，色较暗较深，也不染笔毛，不浸蚀纸背，但有腥气。

第三节　金银

金和银不能与其他颜色相配合而产生间色，它们又是民族绘画上必不可少的东西，特在这里加以叙述：

一、黄金　民族绘画上所用的黄金，都是用锤成的金箔的再制品，包括"泥金""洒金""打金"。金箔是苏州的特产，分"大赤""佛赤"两种。"大赤"是金的本色，"佛赤"则是更赤一些。另外还有"田赤"，它是淡黄色。这些金都是十张为一"帖"，千帖为一"箱"。"洒金"在民族绘画上不用。"打金"唯在纸或绢上先完成了构图，其余空白的部分，"打"上金地子，然后再进行着色。"打金"分"雨金""鱼子金""冷金"等，只苏州有此专家。"泥金"是在碟内用手指加胶把金箔研成细泥，用笔蘸着描绘。苏州姜思序堂颜料铺，有泥成的金丸及和胶黏在小磁盏上的金碗。又苏州姜思序堂颜料铺有泥成的洋金，价较廉。

二、白银　银色入画，用处较少，只在鞍、马、刀、矛上用着它。银箔也产于苏州。把它按照泥金的方法，用手指研细，用笔蘸着使用。有的把银箔和水银、食盐用乳钵研细，然后再烧去水银（加酒点烧），漂去食盐。这法子既省时间，又容易研细。

又银箔用雄黄熏黄泥细，可以充黄金用，但日久褪色。若用泥银画后，再用栀黄罩染，也成黄金色，日久并不变。

在画面上，虽然用的是真金真银，但并无光泽，人往往认为是假金假银。这是使用上的毛病。使用它们必须多放入胶水，使它们沉在碟底，用笔由碟底蘸着使用，自然发生光泽，这也是和其他颜色在使用上不同的地方。

第四节　胶矾

中国绘画的色彩，鲜艳明快，历久不变，是经过画家们不断的劳动创造的结果。一方面是选择原料，加工炼制；一方面是利用胶矾，使它固着不剥不落。尽管是不溶解于水的原料，只要它色彩鲜明，历久不变，也可以把它固着在画面上，这就是胶和矾的功用。今分述如后：

一、黄明胶　又叫广胶，产广东、广西。是用牛马皮、筋、骨、角制成的（牛马等皮、筋、骨、角中的硬蛋白质加水加热分解而生成的新物质）。黄色透明，成方条状，无臭味。加水用微火融化，只用上层清轻的兑入颜色，下面浑浊的不用。

二、阿胶　又叫傅致胶。也是用牛马等兽类的皮、筋、骨、角制成的。出山东阳谷县东北六十里的阿井。胶有三种：清薄透明，色淡黄的，选作兑颜料用；另一种清而厚的，或黑如漆的入药用；其余浑浊不透明的，只可以黏器物用。画家用时，也加清水微火融化，只用上面的清水。

三、瓶胶水　这是一般的玻璃瓶胶水。用它兑用颜料，第一不妨碍颜料固有的色彩；第二它的本身不发光泽；第三它有防腐剂在内，夏日不臭不腐；第四凝集力和附着力不弱于黄明胶和阿胶。著者用它已过十年，并未发现颜色剥落的毛病，而且用它也特别简便洁净，只是价钱贵些。近日有兑入甘油的瓶胶水，却不宜采用。

四、明矾　又叫白矾，味涩，是由矾石煎炼而成的。半透明，仿佛水晶。主要的产地是安徽庐江。中国画中除了水墨画和着色的大写意画外，差不多都要利用矾水来固定颜色。如果是上几层颜色的画，每隔一二层就要涂上一些淡矾水，尤其是底层的颜色。这是为了防止颜色再上时，底下的颜料动摇。比如：先上一层朱砂——无论是用多么浓的胶，若不上矾水，再用胭脂色去染深浅时，朱砂就会动摇起来，和胭脂相混。上了矾，朱砂就固着不动了，无论怎样罩染都可以。

还有，把生纸（如"六吉料半""六吉棉连"——生纸名）制成熟纸，也必须用胶矾水刷在生纸上。因为生纸用墨着色要晕渗，刷上胶矾，不晕不渗，就叫它熟纸。生绢制成熟绢——又叫绘绢，也用此法。

我们用绘绢进行绘画，有时若将绢地污损，或是画上去的某一部分感觉不甚妥当，或是写上去的字句发现错误时，可以用胶把它们去掉，变成原来的白绢。方法是：用黄明胶或阿胶，熬成浓稠的胶液，把它向预备去掉的部分倾注上去，等自然干燥后，按着绢上经纬线斜着用力一绷，整个的胶片，就纷纷地崩裂下来，所欲去掉的部分，也随着胶片崩下来，出现了洁白的绢地。这方法，只要不是油污，不曾透过背面的墨和色，全有效。所倾注上的胶液，必须使它自然干透，不可火烘，不可日晒，也不可把绢的四周压平，越有皱纹，越易绷掉。

注　释

[注一] 六法　南齐谢赫所著《古画品录》序文上说："虽画有六法，罕能尽该，而自古及今，各善一节。六法者何？一气韵（一本作运）生动是也，二骨法用笔是也，三应物象（一本作写）形是也，四随类赋（一本作敷，一本作傅）彩是也，五经营位置是也，六传移模（一本作摸）写（一本作传移摹写）是也。惟陆探微、卫协备该之矣。"

六法是中国古代著名的绘画理论。但是，流传下来的版本不同（如明刊本，丛书和各家引用刊本），字句不同（见前），解释不同（如唐张彦远著《历代名画记》的解释，宋郭若虚著《图画见闻志》的解释，以及后来的解释等），在今日对它应该作如何的看法？这是研究中国画的值得研究的课题。作者为了便利研究，特从各本加以校勘。前面所引的一段，是根据《说郛》版本、《百川学海》版本录出的。不同的字句，则是对照《明刊历代名画记》《王氏画苑》《津逮秘书》《佩文斋书画谱》《芥子园画传》《古今图书集成》《百川学海》《砚北偶钞》《美术丛书》《中国绘画史》各本，分别用括号加在字句下边，用来作为研究六法的一种参考资料。

［注二］唐张彦远《历代名画记》："……夫工欲善其事，必先利其器。齐纨吴练，冰素雾绡，精润密致，机杼之妙也（这是说绘画用的绢帛）。武陵（湖南常德）水井之丹，磨嵯（福建建阳）之沙，越巂（西康西昌）之空青，蔚（山西）之曾青，武昌之扁青（原注：上品石绿），蜀郡之铅华（原注：黄丹也），始兴（广东曲江）之解锡（原注：胡粉），研炼澄汰，深浅轻重精粗。林邑、昆仑之黄，南海（广东）之蚁铆（原注：紫铆也，造粉胭脂），云中（山西）之鹿胶，吴中（江苏）之鳔胶，东阿（山东）之牛胶，漆姑

（草名，又叫蜀羊泉，入中国药）汁炼煎，并为重采，郁而
用之（原注：古画皆用漆姑汁，若炼煎，谓之郁色，于绿色
上重用之）。古画不用头绿大青，取其精华，接而用之。
百年傅致之胶（阿胶用陈的，不用新的），千载不剥（以
上是说颜料和用胶）；绝仞食竹之毫，一划如剑（此句说
笔）……"这是远在公元847年前，对于民族绘画的用绢帛、
用颜色、用胶、用笔的一篇最早、最具体、最详细的记述。
它所说颜色的产地，是包括土产和外来的。

第二章　中国画颜色发展的情况

根据目前可以看到的文物，很清楚地看到中国画颜色的发展情况：开始只是使用单色的矿物质和植物质颜色，经过不断的创造、改进，逐渐发展，进而使用矿物质的间色（如白垩合朱成为肉色，石青合白垩成为天青色）和矿植合用的间色（如蓝淀合朱成为紫色，槐花合石绿成为嫩绿色等）。这样的矿植合用，加上古代化学制的铅粉、黄丹，外来输入的藤黄、紫钘等，在第五世纪南齐的时候，颜色已经非常丰富并且要求"随类敷彩"了。经过第六、第七、第八世纪——隋到唐的发展，在第十世纪后，又创造出用水墨代替颜色的画法。由第十二世纪后，水墨画与彩色画并驾齐驱。到了第十四世纪初期，使用矿物质颜色如石青、石绿、朱砂一类的画，竟被"士大夫"们称作"院体"，说作不够文雅。这时的重着色画已不能和水墨画分庭抗礼。这样发展下去，到了十九世纪，重色的彩画，只有统治阶级的"供奉"们用它来聊备一格。可是民间的画家们，还在大量地使用着。此时，已经有了专门制售中国画颜色的姜思序堂颜色商铺。一般的画家也就不必自制颜色了。

第一节　中国画颜色发展的过程

请先看一下流传下来和被发现的古代工艺品上面所涂画着的颜色。我们觉得它们与绘画颜色，在源流上是有着密切关系的。我们的祖先，在原人时代即已发现了颜色，例如：周口店山顶洞人染饰品使用了红色；新石器时期的彩陶上绘制花纹使用的有白垩、红矾土、炭（黑色）、土黄诸色。又如：殷墟甲骨上有朱和黑色写过的笔迹，并有涂朱的明器。我们从这些例证里可以看出颜色在古代被使用的概况。

周、秦（前1046—前206）的陶器等物，就我们现在看得见的，如洛阳出土的战国彩陶壶上面，使用着朱、黄、青、白、黑的颜色，画着精美的花纹。郑州二里岗出土的战国时代的陶鸭上，有红、黄、白、黑鲜明的色彩，还在鸭的嘴和足上使用了黄色。再就文献上看一下，《周礼·冬官·考工记》上说，掌管设色的官员有五种。又说，绘画的事，是会合五色的（五色是赤、黄、青、白、黑）。在《诗经·王风》篇《大车》章的注疏里，说明了设色的官员，用五种颜色绘画周代统治阶级的旌旗、上衣、下裳（下裳是先画后绣）等。根据这些记载，周代以前使用颜色主要的仍在工艺品上。

汉晋（前206—420）时期，文学艺术更加发达，在绘画颜色的使用上，也有显著的发展。如在河南洛阳最近出土的汉代彩绘陶壶，画着精美的花纹，使用着红、黄、石青、石绿、白、黑各种颜色。又如在河北望都县发现的汉墓壁画上有红、黄、蓝、绿、黑、白诸色，并且在"主簿""主记史"两个人物下，还各画着类似砚台和墨的用具。用它与辽阳的汉墓壁画、山东梁山县最近出土的汉壁画来比较，在颜色上，它的变化更多一些。随着基本建设工作的日益开展，古代的文物将会有更多发现，用来作为颜色发展的说明，是最有力的材料了。

西晋流传下来的绘画，尚有待于发现。东晋顾恺之画的《女史箴图》一卷[1]（约405年前后，最古的摹本已流入英国，在伦敦博物馆陈列着，有原色版影印的）。它是以朱、赭、黄、白、黑为主体色彩，用胭脂、蓝淀、草绿、檀木为辅助色彩。晋代陶器使用朱砂、红土、石黄、白垩、黑炭，完全与它相合。这一卷姑不论它是否唐以前摹本，它使用颜色的方法有主有从，鲜艳明快、活泼而有力。

南北朝、隋（420—618）时期，"六法"在这时由谢赫给传述出来。在颜色上提到"随类敷彩"，肯定了颜色的作用和效果。但是宋、齐、梁、陈（南朝）四代的绘画，仅见于文献上的著录，新的画迹，还有待于发现。

北朝——北魏、东西魏，留存到今天可以见到的画迹绝

〔1〕见附图02。

大部分是在敦煌莫高窟。它的色彩特征，是善于使用青和蓝。在色彩的表现上，喜欢使用强烈的色调，雄健朗爽，有山林的趣味。主色是矿物质的彩色，辅色是用胭脂、蓝淀、草绿等植物质颜料。配合的间色，有的使用银朱、黄丹合粉。现在我们看魏代的壁画，如伎乐、飞天等，有的变成了黑人，那就是银朱、黄丹合粉，日久变色的缘故。这时部分画家在用色上接受由印度传入的凹凸方法。

　　隋代的彩色画渐渐地趋于繁复，变化也多。敦煌壁画即其例证。故宫绘画馆陈列的展子虔《游春图》[1]，它的用色，已经开辟着与墨彩结合的道路，即所谓"墨上刷色"的着色法了。

　　唐代（618—907）绘画，重要的形式有壁画和卷轴画。壁画传到现在已被发现的，绝大部分是在敦煌，其次是麦积山，最近还有陕西咸阳底张湾出土的唐壁画等。画卷传到现在的也还有，今分述如后：

　　初唐的画家们，在卷画方面，单色、间色互相为用，经过一千多年直到现在，我们只见到绢已斑剥，颜色并不完全剥落。手卷像阎立本的《历代帝王图》[2]（643年前后，有印本），挂轴像尉迟乙僧画的《天王像》（有印本）。这就

〔1〕见附图03。

〔2〕见附图04。

说明我们古代画家们，不但是善于运用色彩，而且运用他们的智慧，使颜料抓紧了绢帛，经过多少年的舒卷，不脱、不落、不剥。

盛唐时期，由于晋、隋以后书法大行，画家们也受了影响。那时的墨，已有龙香剂、贞家墨、杨家墨、武家墨。今天我们可以看到的王维的《雪溪图》《辋川图》就使用了水墨（有印本）。李思训则以金碧山水传世。那时吴道子号称"画圣"，他有时也只用淡赭石染人面树身，有时连赭石也不用，"只以墨踪为之"，人称为"吴装"。但是原迹不存，无从臆断。其余传到现在的画迹，有韩幹《双马图》、张萱（宋赵佶临本）《虢国夫人出行图》[1]、卢棱伽《六尊者像》之二、韩滉《文苑图》、周昉《簪花仕女图》等。中国绘画到了此时，在画法上，在用色的发展上，已经是多种多样的，越发地丰富了。

中唐以至晚唐，不单是山水画兴了起来，而且也有了色彩繁复的花鸟画。如：毕宏画松石于左省厅壁（事在767年），召边鸾写新罗国献孔雀（事在785—805年之间），道士毋丘元志给白居易作《木莲荔枝图》（事在819年）等。在此时，还有画山水的孙位、王洽、张璪，画花鸟的梁广、刁光胤、周滉等。由于绘画本身不断地发展，有了分工，如山

〔1〕见附图05。

水、花鸟、走兽、昆虫这些人民所喜爱的东西，都被画家们作了描写的对象。在这一时期里，水墨和淡着色画，还占着相当小的比重。可是植物质的颜料，却被大量地使用。一方面是由于敷染矿物质颜料，使它更鲜明、更深厚的关系；一方面是淡着色逐渐发展的关系。

五代（后梁、后唐、后晋、后汉、后周，907—960）、两宋（北宋，960—1127；南宋，1127—1279）的统治阶级，特别重视画院制度，以画取士。在这时期，画家辈出，争强斗胜。此时的中国画，经过精细的分工，分成道释、人物、宫室、番族、龙鱼、山水、畜兽、花鸟、墨竹、蔬果十门（见《宣和画谱》）。虽是水墨画占了相当大的比重，但是五代、北宋和南宋初期，就颜色的使用方面来说，它是继承着晚唐作风，已经是各尽所长，登峰造极了。例如《韩熙载夜宴图》（详第五章）、北宋赵佶《芙蓉锦鸡图》（浅红色的芙蓉花，衬着五色绚烂的锦鸡）[1]、北宋王希孟《千里江山图》（染天染水，用两面着色法施用大青大绿两面着色）等[2]。在"翰林图画院"[注一]的人们，对于颜料的选择、研漂和使用，真可称赞他们是百花齐放。去年故宫博物院绘画馆展出的王希孟《千里江山图》，经过这么多年，仍那样鲜

〔1〕见附图06。

〔2〕见附图07。

明朗爽，这正是画院中人使用颜色的佳作。

　　五代、北宋，在彩色画方面是继承着中唐、晚唐的作风。道释、人物画逐渐衰退，花鸟、山水画逐渐发展。同时还注重笔墨，提出画面上的"高韵"和"气骨"（见《宣和画谱》）。五代如赵幹的《江行初雪图》[1]，北宋如李公麟的《五马图》[2]、文同的《雪竹图》[3]、赵佶的《写生珍禽图》等（均有印本），不但使用着各种线描，并还用墨彩敷染出经过提炼的具体形象。到了南宋，水墨画更加发展，而用墨线描出物象再加以墨彩渲染的白描画，也更加为人所重视。如故宫博物院绘画馆所陈列的《百花图卷》[4]与赵子固《水仙卷》（有印本）即是由晚唐粉本（稿本），经过李公麟的白描而发展下来的。

　　元朝（1206—1368）画风改变，所谓"高人逸士"的水墨画大行，大青绿、重着色的绘画，被那些文人墨客斥作"院体"，不加重视。所以在这九十年里，只有屈指可数的十几位施用色彩的画家，但其中还有些是淡着色的。这时李衎（1318年前后）在《竹谱》里说了几段使用颜料的方法，

─────────────

〔1〕见附图08。

〔2〕见附图09。

〔3〕文同有《墨竹图》，徐熙有《雪竹图》。

〔4〕见附图10。

他与南宋饶自然在他所作的《绘宗十二忌》里所叙述的，都是主张使用颜料要清淡要淡雅。又汤垕著的《画论》里说到"世俗论画，必曰画有十三科"。陶宗仪（元末明初人）在他著的《辍耕录》里，记载着绘画十三科，最末一科是"雕青嵌绿"。我们由《隋书·经籍志》《唐书·艺文志》所记载的几类，到宋代绘画的"十门"，再看到元代的"十三科"。尽管所谓士大夫阶级提倡水墨画，提倡淡雅，但是人民所喜爱的"雕青嵌绿"，反而鲜明地列入了第十三科。这一科并且直到清末，依然地存在着。由这一点可以知道，所谓世俗的，正是我们人民所重视的东西，所发展的东西。此时还有一篇专为"写像"（画人像传真）用的《采绘法》[注二]，是一篇非常重要的记述，更可以看出中国画颜色的发展。

　　我们试看一下敦煌的壁画，那完全是民间画工的手笔。北魏、东西魏这些南北朝时代的北朝壁画，在用色上说，可称是清新雄健，使人见了，会觉得山野之气胜。隋唐时代的壁画，色彩趋于繁华富丽，浓艳俊逸，使人感觉活力充沛。五代、两宋，学步晚唐，偏重青绿，色调感觉呆滞。以后则是陈陈相因，在色彩上很少创作的格调。那时只有安西万佛峡榆林窟西夏的壁画，色彩上还有些朴野的风格。以上仅据莫高窟、榆林窟说明各代民间画工色调的特征。

敦煌莫高窟所使用的颜色，根据夏鼐先生引所搜集到的研究材料中说："共有下列十一种原料：烟炱、高岭土、赭石、石青、石绿、朱砂、铅粉、铅丹、靛青、栀黄、红花（胭脂）。前六种的制法较简单，只要碾成粉末，便可利用。后五种要经过比较复杂的制造过程。这表示我国当时人民已能利用优良的技术制造颜料。并且这十一种原料，大多不是敦煌的土产。即在今日的敦煌，也不容易全部弄到。"（见《文物参考资料》二卷五期，中央人民政府文化部社会文化事业管理局出版）作者完全同意夏鼐先生的看法。不过在具体使用时仅仅碾成粉末还是不够的。兹将这十一种颜料试做进一步的说明：

一、朱砂　内中有朱标和古代化学制成的银朱。

二、赭石　分棕、赭、铁三色。另外还有"红土"，魏代的壁画上大量使用着。

三、红花（胭脂）　胭脂的成分，有红花、茜草根，还有紫铆，不都是红花一种。

四、铅丹　即黄丹，又叫漳丹，壁画上有深浅二色。

五、栀黄　敦煌壁画凡是单独使用黄色的，不一定都是栀黄，而是石黄。栀黄大部是合靛青、合石绿同时使用的。如敦煌文物研究所编号107窟（伯希和编号050）晚唐母女供养像的衣裳，即是用石黄所画。石黄忌与铅粉合用。她们衣裳的"白地子"，更不是铅粉，而是高岭土。

六、石青　敦煌壁画的青色，有七样深浅明暗不同的颜色。北魏有一种深蓝，更不知是叫什么石青。

七、靛青　即蓝淀，取其精华叫花青。

八、石绿　敦煌壁画的绿色，有深浅不同的五种。内中铜绿一种，是古代用化学方法制成的。

九、铅粉　内中大部分是高岭土和白垩。合银朱、铅丹变成黑色的是铅粉，也有白垩。

十、高岭土　又叫瓷土，产安徽祁门的最好，它的主要成分是硅酸铝（分子式$Al_2O_3 \cdot 2SiO_2 \cdot 2H_2O$）。

十一、烟炱　有松烟、灯烟、灶烟原质上的不同。

以上列举的十一种原料，对全部敦煌壁画施用颜色的研究来说，是很不够全面的。尤其遗漏了最重要的一种，是自古以来被大量使用的红土——红矾土。

明代（1368—1644）建国，就按照宋代的制度，设立了翰林图画院。自后随着文人画的发展，我们只看明初的边文进、戴进，明中叶的吕纪、仇英等，他们都是善于运用颜色的能手，但都没有什么新的发展。

万历十八年（1590），李时珍在《本草纲目》里，述说了几种颜料。崇祯十年（1637），宋应星著的《天工开物》里，也叙述了几种颜料。但都不是记载中国画颜色的专书。

至于明代套版印刷所使用的颜色，却都是画中国画所使用的颜色。

由明到清代（1644—1911），绘画颜色有了发展，无论是丝（缂丝）绣，是漆器、瓷器，是衣袖，是鞋面，是年画、灯画、彩画、版画等，都创造出这一时代的色彩风格。同时还刊行了几部记载有关颜色的书，如1756年邹一桂的《小山画谱》刊行，1797年迮朗的《绘事琐言》刊行，都有篇幅详细地叙述了中国画颜色的选择、研漂、处理、施用等的方法。尽管当时的士大夫阶级提倡水墨淡着色，但是中国画中重视颜色的传统，在鸦片战争以前，仍然是蓬勃地发展着。

基于上述的情况，中国画颜色的选择、研漂、使用，一直掌握在各个画家手里（包括民间画工在内），并不公开，尤其是画院的画家们。直到清初，随着社会的发展，才或多或少地把它公开刊行起来。这时外来的颜色，也开始被吸收使用起来。对于中国绘画颜色传统来说，这当然又是一个新的时期——一个更加丰富与发展的时期。

第二节　吸取外来的颜色加工精制

西域和其他国外的颜料，如马来半岛的藤黄、中亚细亚的回青（回纥）、沙绿，西藏、印度的大青，等等。在早原由西北输入中国，后来也从海上大量入口。还有许多来到中土的画家也使用了外国颜料，这些画家，像唐朝的尉迟乙僧、宋朝的刹帝利、明朝的利玛窦等，对中国绘画都有所贡献。1707年以后，意大利画家郎世宁来中国，他使用着中国颜料，学习中国画的方法。"西洋红"是在1582年以后被使用的（曾鲸画像用西洋红）。西洋红对于画花卉方面，由于加工精制，一直到现在，起了很大的作用。

鸦片战争以后，外国化学颜料渐渐大量地入口，到了咸丰初年（1851年以后），洋蓝（德国制）、洋绿（鸡牌商标，德国制）、洋红（这洋红有日本制的，英国、德国制的，种类很多）普遍使用在染织、建筑彩画和民间画工的绘画上。原因是价钱贱、效果好，使用方便。这样，首先就打垮种蓝业、制淀业，其次是种红花、茜草各业。"洋蓝面""鸡牌绿"在建筑彩画上，也代替了石青、石绿。到了1920年前后，民间绘画如年画之类的，也全部使用洋红、洋绿（又叫品红、品绿）。中国画家们除了能自制颜料的外，市上所买的花青，也已不是蓝淀而是普蓝制成的了。胭脂饼在这时已很难找到。用为妇女装饰的化妆品都是外国货。那时只就这方面来说，已十足地暴露出半封建、半殖民地的社会经济现象。

第三节　现在制售的中国画颜色

由于明末清初刊行几部述说中国画颜色的画谱、画传，在乾隆初年江苏苏州就开设了一家专制中国画颜色的店铺，那就是直到现在还开设着的姜思序堂。它最初设在江苏苏州的"吴署东进士第"内，后来推广到苏州阊门内都亭桥，现在是阊门东中市三十二号。它所制售的颜料，在初期选择很精，研漂很细。它又把颜料兑入胶水，制成了膏。使用时，只兑些水，使它溶化，就可应用，非常方便。另外，如石青、石绿、朱砂等，则是漂制成了细粉末，用时只兑些胶水就可以。西洋红还要装入小的玻璃瓶，瓶内装入将及一分重的西洋红。已兑好胶的颜色叫作"膏"，如花青膏、赭石膏、洋红膏、胭脂膏之类。在膏中还分"轻胶"或是"天"字等名目。因他制作精细，所以能够销行全国。但近年来的花青膏似已变了质，不好用，且发臭味。

在北京，自1911年后，有了能制石青、石绿的。石绿在选料方面，比姜思序堂精一些，研漂则是彼此差不多。北京制售的蛤粉，既不变色，又比铅粉、锌白更白[注三]。这种粉是明代以后很少能制和能用的。

中国画的颜色，对于原料要选择，制起来又非常麻烦，有人制售，这时对画家来说，是一种方便。不过，中国画家们如果不明白中国画颜色的选择、研漂、提炼的方法，仅凭制售的拿来使用，在工细的彩色画来说，那就很难做到鲜艳明快，经久不变了。

总之，我们由中国画发展的情况，来看中国画颜色发展的情况：在晋魏以前，是用单色的矿物质为主，单色的植物质为辅。经过不断的创造和改进，在隋唐以来，用植物质、化学制和矿物质搀和着使用。如胭脂染在朱砂上，更红一些；蓝淀上敷染朱砂，更紫一些；石绿上罩些藤黄，变作嫩绿；铅粉上用胭脂淡染，便成粉红色；……颜色随着所描绘的事物而敷染，这就是矿植互用产生了"间色""再间色"。由是几经创造，矿与矿合，植与植合，化学的与化学的合（如银朱或漳丹与铅粉合，便成为肉色）。不但是单色、间色互用，而且是表里衬托。这样的发展，到了宋代，画一朵牡丹，除了背面衬托，还要经过"三矾八染"（见《唐六如画谱》所引）。就是说：先染一次作底子，上一道淡矾水，再染三次，再上淡矾水，最后染到八次，色彩已足，"若闻香气"，再上一次矾水，这样就保持了它永不变色。元代以来，文人水墨画渐兴，画家对于颜色的研究，只有画院中人还掌握着制作、施用的方法。清代中叶，有了专门制售中国画颜色的姜思序堂颜料铺，这不能不说是便利了一般的国画家。

注　释

［注一］翰林图画院　按自唐以来，统治阶级已经设置"待诏""祗候""供奉"等画官来笼络画家。五代时的西蜀、南唐已设立了"画院"。宋朝更集合了画家，设立"翰林图画院"，按着画家们才艺的高低，给他们以"待诏""祗候""供奉""艺学""画学正""学生""供奉"等官职。南宋的"绍兴画院"，也一样地"优待"画家。不过，北宋的画家，有些人是不肯入画院的。南宋的画家，则是差不多都入画院。

［注二］采绘法　元代王绎字思善传授的写像采绘法。"凡面色，先用三朱、腻粉、方粉、藤黄、檀子、土黄、京墨合和衬底，上面仍用底粉薄笼，后用檀子、墨水幹染。面色白者，粉入少土黄、胭脂，不用胭脂则入三朱；红者，前件色入少土朱；紫堂色者，粉檀子老青入少胭脂；黄者，粉、土黄入少土朱；青黑者，粉入檀子、土黄、老青各一点，粉薄罩，檀墨幹：以上，看颜色清浊加减用，又不可执一也。口角胭脂淡加，要带笑容，口角两笔略放起。眼中白，染瞳子外两笔，次用烟子点睛，墨打圈，眼稍微起、有折便笑。口唇上胭脂蓦。鼻色红，胭脂微笼。面雀斑，淡墨水幹；麻，檀水幹。髻色黑者，依鬓发渲；紫者，檀、墨间渲；黄红者，藤黄、檀子渲。发，先用墨染，次用烟子渲；有'间渲''排渲''乱

渲'（这和上面的斡、笼、蓦、渲、罩、染都是使用颜色的画
法）。当自取用。手指甲先用胭脂染，次用粉染根。凡染妇女
面色，胭脂粉衬，薄粉笼淡，檀、墨斡。凡染法：白纸上，先
染，后罩粉，然后再染提掇；绢则先衬背后。（以上是说关于
颜面、手指等的用色法）

　　"凡调和服饰器用颜色者：绯红，用银朱、紫花合；桃
红，用银朱、胭脂合；玉红（一本作'肉红'，下同），用
粉为主，入胭脂合。柏绿，用枝条绿入漆绿合；墨绿，用漆
绿入螺青合；柳绿，用枝条绿入槐花合；官绿，即枝条绿
是；鸭绿，用枝条绿入高漆绿合。月下白，用粉入青标合。
柳黄，用粉入三绿标并少藤黄合；鹅黄，用粉入槐花合。砖
褐，用粉入烟合；荆褐，用粉入槐花、螺青、土黄标合；艾
褐，用粉入槐花、螺青、土黄、檀子合；鹰背褐，用粉入檀
子、烟墨、土黄合；银褐，用粉入藤黄合；珠子褐，用粉入
藤黄、胭脂合；藕丝褐，用粉入螺青、胭脂合；露褐，用粉
入少土黄、檀子合；茶褐，用土黄为主，入漆绿、烟墨、槐
花合；麝香褐，用土黄、檀子入烟墨合；檀褐，用土黄入紫
花合；山谷褐，用粉入土黄标合；枯竹褐，用粉、土黄，入
檀子一点合；湖水褐，用粉入三绿合；葱白褐，用粉入三绿
标合；棠梨褐，用粉入土黄、银朱合；秋茶褐，用土黄入三
绿、槐花合；油里墨，用紫花、土黄入烟墨合。玉色，用粉

入高三绿合。驼色，用粉、漆绿标、墨入少土黄合。毼子，用粉、土黄、檀子入墨一点合。蓝青，用三青入高三绿合。金黄，用槐花、粉入胭脂合。鸦青，用苏青衬，螺青罩。鼠毛褐，用土黄、粉入墨合。不老红，用紫花、银朱合。葡萄褐，用粉入三绿、紫花合。丁香褐，用玉红为主，入少槐花合。杏子绒，用粉、墨、螺青入檀子合。毼绫，用紫花底，紫粉搭成花样。番皮，用土黄、银朱合。底胎，用白粉底，紫花样。水獭毡，用粉、土黄合。牙笏，用好粉、一点土黄、粉凝。皂靴，用烟墨标。柘木交椅，用粉、檀子、土黄、烟墨合；金丝柘同上，不入墨。紫袍，用三青、胭脂合。其余一一不能备载，在对物用色可也。

"凡合用颜色，细色头青、二青、三青、深中青、浅中青、螺青与苏青、二绿、花叶绿、枝条绿、南绿、油绿、漆绿、黄丹、飞丹、三朱、土朱、银朱、枝红、紫花、藤黄、槐花、削粉、石榴颗、锦胭脂、檀子。其檀子用银朱浅入老墨、胭脂合。"

［注三］管平湖，善制石青、石绿，住天津音乐学院。李鹤筹，善制石青、石绿，住北京宣武区[1]保安寺街六号。孙天放，善制蛤粉，住北京宣武区米市大街延旺庙街三十五号。

---

[1] 今属西城区。

第三章　中国墨的特色

中国的水墨画具有独特的风格，它的特点是运用水墨的浅深浓淡来表达各种事物所具有的光与色。施用水墨，大体可以分为"焦""浓""重""淡""清"五种墨度，古代的画论上称作墨"彩"（解释详后）。水墨画在多种多样的中国画中，有其独特的地位（图一：墨的五彩）。

中国人使用墨作为书画的物质材料起源很早。长沙出土的晚周帛画是不是用墨画的姑且不谈，其他如敦煌一带出土的用墨写的汉代简札（《流沙坠简》有影印本），吐鲁番附近出土的"木乃伊"被服白绸上用墨写的东汉初年的年号（有印本），晋唐以来各家的墨迹，等等，都是研究这个问题最好的例证。中国墨具有以下各特点：

一、用毛笔书画，无论毛的软硬，一律保持运笔的灵活，不粘、不涩、不滞。

二、经过若干年，对于木、绸、纸、绢等物质不发生腐蚀作用。

三、墨色经久不消退、不变化。

四、遇日光或热，仍保持黑色。

五、画在纸或绢上，就是画得细如游丝，再经水染，也不动摇、不渗晕。有强韧的凝集附着力量。

《汉宫仪》上说："尚书令、仆、丞、郎，月赐隃麋大墨一枚、小墨一枚。"隃麋是地名，在今陕西汧阳县[1]东，是汉代松烟及墨的产地。后汉许慎作的《说文》上说：墨者黑也，松烟所成土也。汉末三国时，皇象论墨说"多胶黝墨"。根据这些古文献的记载已可证明起码在纪元前二百多年，已经在隃麋这地方，用松烟制成"大块""小块"的墨。在许慎只说"松烟所成土"，到了皇象，才说明所以制成为"大块""小块"是"多胶"的缘故。

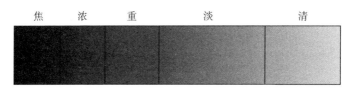

| 焦 | 浓 | 重 | 淡 | 清 |

图一：墨的五彩

东魏（第六世纪）贾思勰作的《齐民要术》里，叙述了制墨的方法。这是记述关于劳动人民如何造墨的最早的文献，书上说："……好醇烟捣讫，以细绢筛，于缸内筛去草

[1] 今千阳县。

莽，若细沙、尘埃。此物至轻微，不宜露筛，喜失飞去，不可不慎。墨（按指醇烟）一斤，以好胶五两浸梣皮汁中——梣，江南樊鸡木皮也，其皮如水绿色，解胶，又益墨色。可下鸡子白，去黄，五颗。以真珠一两、麝香一两，别治细筛，都合调。下铁臼中，宁刚不宜泽（就是说宁可稠不可稀）。捣三万杵，杵多益善。合墨不得过二月、九月，温时败臭，寒则难干……"由这一段记述里，已可看出创造墨的过程非常复杂，是劳动创造的成果。到了唐代以后，关于制墨的"佐料"（烟炱为主，各种药品为佐）有了变化。唐代是用梣木皮、皂角、胆矾、马鞭草、醋、石榴皮水、犀角粉、藤黄、巴豆；宋代由于不光用松烟（自五代时起，制烟炱的地方，已由易水地区渡过长江，转移到了徽州黄山），主要是用油烟（桐油一斤，烧得"上烟"一两有余）制墨。除上述"佐料"外，还加生漆、牛角胎、猪胆、鲤鱼胆、白檀、丁香、龙脑、地榆、五倍子、黄连、紫草、茜根、黑豆、苏木、胡桃、乌头、牡丹皮、栀子仁、青黛、朱砂等"佐料"。元明对于"佐料"，没有记载，只明程君房制墨减为十五六种"佐料"。元明对于制烟炱，都着重用油烟，除桐油外，还有用清油（江南乌臼树子制的油）、麻油、猪油的。又有用败漆烧烟的叫"漆烟"（以上并见东魏贾思勰《齐民要术》、宋晁以道《墨经》、宋李孝美《墨谱》、明沈继孙《墨法集要》、明宋应星《天工开物》，下同）。

烟煤也有好坏——无论松烟、油烟、漆烟——凡烟煤都是用窑烧成的。烧成烟煤，靠近火的叫"身烟"，属下品；在窑中间的叫"项烟"，属中品；距离火最远，在四边、在窑顶上的叫"上烟""头烟"或"顶烟"，是上好的醇烟，属上品。现在我们买墨时，在墨块的上一头，有的写"松烟"，有的写"漆烟"，这是烟煤原料的区别。有的写"顶上"或"顶烟"，有的写"贡烟"（"贡"是说，上好的烟煤，作为"进贡"给"皇上"用的），有的写"超贡烟"，这些都是制墨家说他的墨是用上品的烟煤制成的。次些的写"选烟"，绝没有写"身烟""项烟"的。目前徽州的胡开文、曹素功墨铺所售出的墨，仍然用这些"顶""上""贡""选"等烟来作为墨质好坏的标志。

制墨的另一种重要成分是阿胶、黄明胶等动物胶。我们历代制墨专家，都主张用陈年［唐张彦远说，兑用颜料要用"百年傅致（阿胶）之胶"］而又清轻的动物胶制墨。如果用新制成的胶，而又不加鸡子白、梣木皮、丁香、乌头、石榴皮酸，那么，这墨制成，就容易弯曲、碎裂和发臭。

第一节　我们如何选购用墨

清代制墨，墨工增加了捣杵的次数（十万杵），减少了

"佐料"（减少的都是什么"佐料"，不清楚）。同时又设立了"官烟厂"［属"江宁织造"（官名），光绪初年才撤销］。作者在这短短几十年试验墨的结果，觉得"御制墨"只有玄烨（康熙）的"内殿轻煤""乌玉玦""耕织图御诗墨"（均墨名）和弘历（乾隆）的再合墨（取明代碎墨掺入新烟再制）好些；但是用来作画，还须用同治或光绪初年的墨，两种兑研使用，在渲染上方不渗晕。在目前为画中国画选购用墨，首先要注意下面的几点：

一、解放前，由于帝国主义的侵略，漆和桐油（制烟炱原料）大量出口，同时又输入了美国的"气烟"代替国产的一切烟炱。它的成分是含炭百分之九十至九十五，色度胜于一切烟炱。1880年以后，制墨家渐渐使用它。这种墨宜于在生纸上画写意画，如在熟纸或绢上工细勾染，容易渗晕。

二、胡开文、曹素功等厂家目前仍在制墨、售墨，出售时根据重量、烟料的成分来订价格。他们也有按照旧式模型制成的新墨。

三、选购墨时，先要看它是不是细腻滋润，再看它泛不泛蓝或紫的光，不泛蓝光、紫光的是次墨。然后再看"漱金""填青"[注一]的真假新旧，再看它的形式和花纹。如果看它不细致，显露着模型的木纹，不滑腻，不滋润，抚摩着有轻飘飘的粗糙的感觉，那一定是粗制滥造、减料偷工的次货。至于有无年款和制墨人是哪一家还在其次。

四、作画不同于写字。写字用的墨，只要乌黑有泽即可。作画，尤其是水墨画、工细的人物画和花鸟画，这首先要求墨要浓的真浓，黑要真黑，不泛灰暗；淡要真淡，凝集力、附着力强大，用色或水去渲、去染，不渗、不晕、不散。因此，墨不宜专用年月太远的旧墨。旧墨有的是胶失效，有的是受了潮湿，已泛出灰白色的粉霜。

五、最近用洋烟炱制的墨，在黑的色度上看，是比其他烟炱所制成的墨要黑一些。但是从它淡的色度上看，仍不能做到清而有神——"入骨"。这大概是杵数减少的缘故。

作者学画所预备的墨，一种是松烟墨（曹素功端友氏制），一种是漆烟墨（汪节庵造），一种是油烟墨（乾隆年造），与漆烟、油烟合用的油烟墨，是同治年间胡开文造的。松烟取其黯黑无光，画翎毛、画蝶用；漆烟取其黝黑有光泽，用它点睛；两种油烟墨合用，又黑又亮，又耐渲染，不渗不晕，有浓有淡，并且清得还"入骨"有神（"入骨"是浸进纸里去的意思）。

第二节　使用墨时应有的认识

在这一节里所叙述的，是一些关于使用砚石、水、洗砚、"宿墨"以及水墨画上对于墨的认识。今分述如后：

一、砚石

砚与墨有直接关系，著名的砚材有端石（广东端溪所出）、歙石（安徽歙县龙尾溪所出）两种，它们都是水成岩，比较易于把墨研稠。端石不如歙石，歙石在南唐李煜时（961），就已为劳动人民所采制。我们首先要求砚石的是下墨，也就是要求无论如何坚硬的墨，用它研起来，易于浓稠，同时砚石也不至于因为被墨磨擦而泛出石屑，这就是好砚。作者以为歙砚用来最方便的是被称作"墨海"的一种。（图二：方墨海）它的形状有方有圆，有大有小，上面有石盖，旁边有石嘴，是用一块歙石整挖成功的。墨用得多，在海池里研，

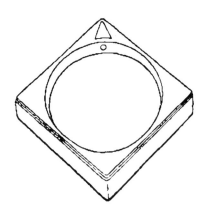

图二: 方墨海

墨用得少或是另用一种墨，还可以用石盖去研，用起来非常方便。齐白石先生就是用歙石"墨海"进行创作的一位画家。这种"墨海"，笔铺、墨铺都有。

二、水

研墨的水，最好是用带苦涩味、含碱性的井水。它可以"发墨"——使墨增加黑度和光泽度，并且用它画出来附着力更强些。调合颜色使用的水，也以井水和其他天然水比较好些。施用药品如漂粉一类消毒了的水，却不相宜。

三、洗砚

砚必须勤洗。若在熟纸或绢上画工细的画，更必须在未研墨之前，先把砚池里的墨洗得干干净净。如不洗净，那是经不起着色，水染时易于渗晕、分散和脱落。什么叫"宿墨"呢？那就是隔了一夜的墨汁，燥性已退。水墨风景画家，每喜欢用这样的"宿墨"，容易渲染。但是在夏天，在南方，隔了一夜的"宿墨"，已不好用，甚至发生恶臭。

四、墨彩

水墨画里把墨色分成五种色度，那就是焦、浓、重、淡、清。这首先是要看所用墨本质上的好坏。用美国"气烟"所制的墨或墨精（上海制，有天字的，有寿字的），它只有焦有浓，淡已很难，更不用说清而有神。用同治、光绪时期的墨，也只有焦、重、淡几种色度，既不浓黑，又不清轻。一般说来，墨的五彩如下：（一）焦墨——即是把研成的墨汁在砚池内经过半日的挥发，再用来画画中极其深重而又突出的部分。它是在全幅画中特别黝黑的部分，黑而有光亮。（二）浓墨——是说墨色的黑度，仅次于焦墨。焦墨可能有光泽，浓墨因为加入水分，虽黑而无亮光。（三）重墨——这是对淡墨说的，它比浓墨水分更多些，比淡墨则又显出黑一些。（四）淡墨——水分加多，成了灰色的叫淡墨。（五）清墨——这在墨彩上则是仅仅有一些淡灰色的影子，这影子去表现朝雾夕烟似的模糊形象。总起来说，好的墨不但是能焦能浓，而且是能淡能清，这是根据制墨时捣杵次数的多少来决定的。至于画家使用水墨做到了清的墨彩，这并不是一件容易的事。在古代画家中能够善于用墨，画出清的墨彩的，有宋代的马远（字遥父），元代的方从义（号方壶），清代的恽寿平（号南田，字正叔，1633年生）和清代的华秋岳（号新罗山人）。他们都是长于用墨的画家，他们几家的山水画、花鸟画，至今看来，还是水汪汪的，清而有神。这虽不完全关乎墨的本质，但墨的本质却和它有直接的关系。并且墨彩中的清而有神，是由其他深浅不同的墨彩衬托出来的。换句话说，也就是在一幅画的空白部分，画出某种事物的清淡影子，而这清淡影子，在这幅画面上却具有极其重要的表现价值。它反映着某一时间、空间的特点，使看的人深入画里，想象着这些影子里，埋藏着许许多多的事事物物。所以我们对这种画，认为是有余不尽、耐人寻味的。

五、研墨

研墨（也叫磨墨）对于一个画家而言也是一件重要的工作。这和民间画工教徒弟时也先教研颜色，是一个道理。他们早晨起来，总是先研出一池墨来，预备创作时使用。这样，与其说是研墨，毋宁说是研人——练习腕力和臂肘的活动。日子长了，这对于作画，是有相当大的帮助的。齐白石先生在早年，总是起床后自己研墨，就是这个道理。研墨的方法：起初是要慢慢地、不太用力地去研，这样，就不致使干燥坚实的墨，因为快研、用力研，使墨接触砚石的一面碎裂，研出了墨渣；墨初着水，由于慢研、轻研，水分把墨靠砚石的部分浸得较软，然后再加快加力，墨汁就容易研得浓稠，节省时间，又无渣滓。对于乾隆以前（1795）的墨，更要用这种方法——先慢逐渐加快去研，免得碎裂。

六、收储

墨最怕潮湿，也怕风吹。受潮湿的墨是胶坏，烟并不坏。风吹容易碎裂，尤其是新制的墨。我们对于墨的收储，必须是用纸包起来，放在比较干燥的地方。已经受了潮湿的好墨，若是搀合新墨，合研合用，黝黑无光，对于作画，也有相当的用处。但最好是用原匣收储。在民间使用的墨，全是新墨，他们把买来的新墨，先用纸裹紧，下面露出要研磨的部分，大约有二三分长，然后用蜡把裹纸的部分烫匀，随时用刀割去蜡纸，这样就可以使墨永远保持不碎裂。就是已经破碎的墨，对上碎碴，再黏起来，用上面的方法——裹上纸，烫上蜡，也可以当作整块的使用。

[附注] 颜色墨

颜色墨有五色、十色的。如乾隆制造的"五香"——石青、石绿、朱砂、石黄、白五色墨；如嘉庆制造的"名花十友"——朱砂、石黄、石青、石绿、"车渠白"、紫鉚、黄丹、雄黄、赭石、朱标十色墨。这原是为批点书籍用的。用来作绘画的颜色，不但是原料好，而且它们所使用的胶也非常好。处理的办法，不要用砚石研，首先把它锤碎，放入碗中加水，入蒸锅去蒸，蒸得毫无墨块，兑入些滚水搅匀，放置澄清。大约经过二三日，胶水全浮在上面，把它撇出，马上晒干或烘干，预备将来兑颜色使用，这是极好的轻胶。剩下的颜色，再研再漂。

注　释

[注一] 漱金、填青　墨上用黄金用石青，都是可以看出年代的。年代越久，金越泛赤、青越娇艳，这是因为制墨的名工，对于用金用青特别考究的缘故。

第四章　民间画工使用颜色的情况

民间画工在制作画像、彩塑、彩画、年画、灯画……的时候，用色鲜艳明快，大胆夸张，近看远看，全可以引人入胜。他们对于色彩的要求是要"尖"要"阳"（见后节），在色彩上遂造成了独特的风格。

民间画工在旧社会里是处于被剥削地位的，同时，师傅还剥削着徒弟。因为他们是在包工包料条件下进行工作的，需要精打细算，使它效果好，容易交活。他们对于颜色，哪种容易得，哪种价钱贱、效果好，哪种使用方便，被覆力强，如何可以经久不变，都做出了精密的研究与分析，然后才决定使用哪种颜料。

再就敦煌壁画来看，所使用的颜色（详见第二章），与南朝、隋、唐、五代、两宋所谓"中原画家"所使用的颜色做比较，显然有贵贱精粗等等的不同（中原画家用色，唐以前见张彦远《历代名画记》的叙述——第二章注二，唐以后又逐渐发展）。敦煌壁画有些是师傅起稿开脸，徒弟施色，师傅再行勾勒线描。我们对已经剥落的壁画，还可以看到"年深粉剥见墨踪"（借用宋梅圣俞咏徐熙画诗），即其明证。至于最近陕西咸阳底张湾唐墓出土的壁画，墨笔画的长线描完全显露，颜色是沿着墨线填进去的。它是使用着"勾填法"的壁画。似乎是与"中原画家"的勾填相近。又"中原画家"多是勾填敷色完全出自一人之手，民间画家却不一定。

第一节　画像彩画用色

民间画工从前画和塑释道供养神像和在建筑上进行彩画用的颜色，是和敦煌艺术所使用过的种类与手法一脉相传的。他们在使用颜色方面和文人画家用色的情况有明显的区别。彩画还讲究"堆金沥粉"（沥粉又叫立粉），讲究勾填，还讲究一笔蘸数色，画出几样色彩，使人看了产生立体感。

据北京的彩画工人刘醒民谈，他们使用的颜色如下：

一、正尚银朱（正尚是商标名。中国入漆银朱，不易找到）。

二、日光银朱（日光是商标名）。

三、高红（是顶好的大红"洋色"）。

四、高广红土（是广东出产上好的红土）。

五、西洋红（姜思序瓶装，重一分。价昂贵）。

六、洋红珠（色鲜艳，价钱贱，可代西洋红）。

七、赭石（自制）。

八、漳丹（中国产，十两一包）。

九、光明丹（光明是商标。又有黄丹，"陶丹""桶丹"更次一些）。

十、石黄（国产，不如法国的好用。又贵又有臭味）。

十一、法国石黄（可分成深浅三色。又好又贱）。

十二、月黄（即藤黄。用后，余块变硬变红，起渣，可以上锅蒸热，再用冷水"拔"，即可再用）。

十三、雄黄（自制）。

十四、顺全隆佛青（是顺全隆字号的佛青。"佛"字又简化为"伏"，写成"伏青"）。

十五、毛儿蓝（洋色，又叫深蓝靛，比佛青色深，代花青用）。

十六、鸡牌洋绿（可研漂出深浅。德国货）。

十七、禅臣洋绿（是德国禅臣洋行出品。还有谦兴出品的洋绿）。

十八、翠绿（洋色，又叫"咯吧绿"。是翠绿色闪红光的颗粒，遇水即溶）。

十九、原箱铅粉（是说原封未动，不加掺兑的）。

二十、高漂粉（最好的漂粉。是由原箱提炼出来的）。

二一、南黑烟子（南是南方的意思）。

　　彩画工人对于各种颜色的简称是：赭石称赭，朱砂称大红、朱红，朱标称膘红，花青称青及蓝，藤黄称月黄，胭脂、西洋红称脂红、洋红、深红、淡红、桃红或水红，铅粉称粉。又石蓝、石青、石绿、朱砂、泥金是五样独立的颜色，不能和他色配合。除泥金外，调粉可使变淡些。

　　色的互相配合，由两色相合，多到五色相合，下表所示是根据刘醒民的配色表摘出的，作为举例：

　　粉红——铅粉一、银朱五（数目字是比例数，最好要活用，下同）。

　　天蓝——铅粉二、佛青二。

　　三青——铅粉一、佛青三。

　　三绿——铅粉一、洋绿三。

　　杏黄——石黄二、漳丹五、雄黄一。

　　浅灰——铅粉二、佛青一、黑烟子（少许）。

　　浅紫——铅粉一、佛青一、高红二。

　　浅米——铅粉二、石黄一、漳丹一。

　　古铜——洋绿一、石黄二、佛青一。

　　老绿——洋绿一、佛青五、黑烟子（少许）。

　　浅香色——石黄二、高红二、黄烟子（少许）。

　　深蓝——佛青二、毛儿蓝二、黑烟子（少许）。

　　栗子色——石黄二、高红一、雄黄一、黑烟子（少许）。

葱绿——光明丹一、洋绿二、月黄一、毛儿蓝一。

酱色——银朱二、佛青五、高红三、毛儿蓝一、黑烟子（少许）。

此外，如草绿、嫩绿、紫、红紫、青紫、深粉红、淡粉红、赭黄、赭绿、赭紫、赭墨灰、深灰、膘黄、膘粉、檀香色、枯叶色、牙色、血牙色、黑紫色等，也与画中国画配合颜色一样。不过，彩画的配合量要多些。

画工对金的使用上，有独到的技法，不像一般国画家仅仅用笔蘸着泥金一画就够了。他们使用的金，是苏州锤的大赤金箔，名叫"苏金"，每帖十张，每张有长三寸二的，有长三寸八的。他们使用的方法，分"泥金""贴金""扫金"三种。"泥金"也和国画家一样，将金合胶泥细，用笔蘸着去描画。"贴金"是用金箔贴在用沥粉画好了、将干未干的地子上。"扫金"是洒上金粉，再把它扫平、扫匀。在用金箔的量上说，这三种方法就成了"一泥三贴四扫"的比例。泥最省金，扫最耗费金。"沥粉"所用的器物，在没有橡胶之前，使用猪膀胱。用酒和硝把它制得极柔。在膀胱口装上铜管，管的直径约为四分（市尺）。在从前是用黄铜笔帽作沥管，做成大、中、小三种沥口，大口沥粗线，小口沥细线。目前只是用橡胶袋代替了猪膀胱，其余仍旧用笔帽。粉是用原箱铅粉，调入广胶，成为像"杏仁茶"的糊状，装入橡胶袋内。为了防止隆起的粉线断裂，还须兑入少许的熟桐油。然后看所用粉线的粗细，套上沥口大小不同的笔帽，按照所欲沥的点或线画了起来，这就叫"沥粉"。"盔头作"（现在只戏剧上用）使用"沥法"的方法，是把沥口悬起来，离开画面，然后任粉自行沥下。这样，可使沥下的粉线隆起较高，这方法叫作"吊粉"。

第二节 年画灯画用色

苏联鲍高洛茨基看了中国旧年画说："作为一种艺术品来说，它的内容的叙述性和色彩的明快大胆，很能引人入胜。"（见《文艺报》总110号《记莫斯科画家座谈会》）。又蔡若虹的《年画创作应发扬民间年画的优良传统》一文里，他总结群众对年画有"五爱"和"三不要"。在第"三不要"之中，"色彩不鲜明不要"里，他提出"红的应该更红，绿的应该更绿"（见《美术》1954年5月号）。画工不单是对画面的色彩，要求明快大胆，引人入胜，要远看，要近看，红的更红，绿的更绿，而且在民间的其他绘画上，如前节画像彩画等，也有同样的要求。

一、年画

旧的木版年画，用色强烈，鲜明漂亮，国产颜色、外来颜色混合使用。他们所注意的是效果好——鲜明漂亮，价钱贱，易得，易于使用。他们使用颜色，取其"尖"，取其"阳"。"尖"和"阳"，是民间画工用色的术语，"尖"是说突出，即是"红的更红，绿的更绿"的意思。"阳"是说强烈，即是近看有色，远看也有色，像太阳一样地照在那里，色彩鲜明刺目。他们使用颜色所要求的是火炽。因此，在他们的手法上是大胆的，是突出的，但是他们也还有纯用墨色画出的。

二、灯画

灯分"宫灯""花灯""春灯"几种。日常悬挂的是"宫灯""花灯"，有季节性，画着连环画的是元宵节挂的"春灯"。这都是人民所喜爱的东西。画灯所用的颜色，最细也最精，差不多都是用颜色的标，也就是颜色最清轻的部分。如铅粉，他们只用浮在上面的标。重浊的颜色，他们很少使用。主要的是偏重植物质的颜色。同时，他们还使用洋色，洋的"品色"（如品红、翠绿、品蓝）。他们画出来的色彩，比国画家要"尖"一些，要"阳"一些。国画家用色，尽管艳丽，却是柔和沉着，并不刺目。所说"尖"和"阳"就是浮艳，不沉着而又刺目。他们为了使人民大众欣赏，企图使所画的灯，热烈漂亮，在远处也可以看得出。所以他们在用色上，宁可"尖"一些，"阳"一些。同时他们还有"交活"的关系（劳方把"活"交给资方），更须热烈漂亮，用来投合资方的所好。但至少资方也必挑出些毛病，便于少给工资。

画灯用色，因为灯是白昼和夜间都要看的。白昼只看一面，夜间要点起蜡烛或电灯，连背面也被灯光映射出来。这样，就发生涂抹颜色厚薄匀否的问题。画灯都用绘绢（上过胶矾的绢）来画。由于灯光在绘画的后面，人是在绘画的前面看。如果使用很厚重的颜色，在前面看，那只是一片黑影，看不出什么颜色。如果使用或厚或薄的颜色，在前面看，也只是黑一块、花一块的，使人起不快之感。因此，灯画家用色，只取清轻。要知颜色里的清轻部分（指调胶兑水后说）正是颜色的精华，画出来更加鲜丽。白昼看是如此，透过灯光夜晚看也是如此。至于他们涂染颜色，还有独特精巧的手法：第一能薄，使灯光易于透过；第二能匀，使观者连笔毫水晕都看不出，一片均匀，里外一样，毫无一些黑影映射出来。

画工为了稿本的使用方便，还创制出代表颜色的简字和说明调用颜色方法的简字。这里所搜集的，虽不够全面，但是颇为重要，特附于后。

颜色的简化字和画法的注释：一、红——"工"；二、朱砂——"朱"；三、朱标——"票"；四、银朱——"艮"；五、紫——"子"；六、赭石——"耂"；七、黄——"艹"；八、花青——"主"；九、石青——"玉"；十、石绿——"雪"；十一、草绿——"苫"；十二、油绿——"由"；十三、白粉——"分"；十四、墨——"木"。

上列除"五""十一""十二"三色是间色，余均为单色。还有"主三"就是"三青"，"雪二"就是"二绿"。"木乡"就是墨合赭石，"乡木"就是赭石合墨。另外，还有关于画法上的术语和简字："丸"——染；"火"——淡染；"通"——是由根向梢染；"加"——是另外再加；"满"——全染、全涂；"花"——是花纹、花斑、花点。

例如"木丸"是墨染，"木丸加乡"则是墨染了后再加赭石染。又如"火石"是淡石绿，"石火"则是石绿淡染。"通乡丸后加工"就是说由根到梢用赭石去染，干后再加红色。"石苫丸"就是说石绿打底，草绿再染。"票丸艮花"就是说用朱标染过，再用银朱画花纹。这种简记色彩的方法，非常简便。

第五章　古代画家着色及研漂使用颜色的方法

关于古代画家如何着色，从文物上看，在唐张彦远以前，已经是相当丰富的（包括流传下来的文物和出土的文物）；但是，在文献上看，张彦远以前，却很难找到。只有在张氏著录以后，才逐渐有了一些论着色的记述。至于如何研漂颜料、使用颜色，在文献上看，那就更加在后了。

第一节　传统上的着色方法

古代画家对于画面上不单是要求形象上有主客之分，而且在颜色上也要"分别主从，彩色相和"。其方法，有青绿、浅绛、水墨和勾勒、勾填、没骨等的分别。东晋以后的画迹可以作为例证，至于辽阳、望都出土的汉墓壁画，却不尽相合。下面举例作为说明。

甲　分别主从，彩色相和。

传统的着色方法，首先是从整幅画面上着眼，在构图的同时，已预计到用何种颜色作为主色，何种颜色作为从色——辅助陪衬主色之色。这样"成竹在胸"就可能做到一幅画面上的彩色相合，互相照应。举例说，有的是以白色为主，其他暗淡的颜色为辅，如故宫绘画馆陈列过的董源《潇湘图》，是以许多白衣服的人为主，其他山水为从的[1]。有的是以朱红为主，其他重色为从，如赵佶《听琴图》（故宫收藏），穿朱红衣服弹琴的是主，其他石绿等色是从[2]。有的是以浅淡的颜色为主，其他鲜艳的颜色为从，如故宫收藏《韩熙载夜宴图》（见《人民画报》1954年3月号彩色版），在第四段上写韩熙载听女乐，有八位女乐，花衣花裙，色彩极其鲜艳，用它来烘托陪衬出穿着浅白衣服，袒胸露腹坐在黑色椅上的韩熙载，对比非常鲜明[3]。古代画家还说"青间紫，不如死"，又说"青紫不并列"。他们也认为黄白并用，可能减少色的光辉，所以他们说"黄白未可肩随"。可见古代画家很重视色彩的对比与调合的效果。

　　乙　青绿、浅绛、水墨。

　　在山水画里，为了表现春夏秋冬的季节性，为了表现朝阳、晴岚、夕照等，使用着石青、石绿来描绘金碧辉煌的锦绣河山。有的还加上朱砂、石黄、白粉来装点秋日的艳阳。有的还使用着胭脂白粉、嫩绿娇黄，用来点染春光的明媚。唐李思训《浴日图》，即使用此画法，用朱砂涂染峰峦，峰

〔1〕见附图11。

〔2〕见附图12，此处疑作者记忆有误。

〔3〕见附图13。

顶还用白粉罩染，下衬青松白云。唐杨升的《夕照图》，全是用泥金勾勒的（《浴日图》《夕照图》均有印本）。

吴道子的白描，只用淡赭烘染出人面树身，形成"吴装"的画法。浅绛法是水墨与淡赭并用，树身用赭，树叶用墨，山石阳面用赭，山石阴面用墨。有的只用淡赭染树干和人面，其余全是用墨皴染。元代黄公望、王蒙最擅长此法。

水墨山水，是用浓淡墨代替一切彩色。有的用湿笔勾染，有的用干笔皴擦。有的以浓墨为主，淡墨为从，形成画面上的突出；有的以空白为主，浓淡墨为从，衬托出画面上的虚灵。变化多端，有一定的效果。

总之，"设色妙者无定法，合色妙者无定方……须悟得活用"（"设色"指整幅画面说，"合色"指配合众色说。见方薰《山静居画论》）。我们必须不断地通过实践，取得经验，方能做到颜色的灵活运用。山水画是这样，其他的画也是这样。

丙　勾勒、勾填、没骨及其互用。

勾是用墨线勾出物体的轮廓，勒是把被颜色掩盖了的轮廓（墨线）重行勒出，但所勒的线，不一定仍用墨，而是用其他深的颜色勒出的。如石青上用胭脂勒出则更显明些，草绿上用铁朱勒出则更真实些，等等。勾填也是先勾出墨线的轮廓，然后沿着墨线的内缘，填进所应填的颜色。在被覆力强的颜色，如白粉、朱砂、石青、石绿等，既不许侵犯原来的墨线，也不许与墨线有一些距离，并且填进去的颜色，不一定是平涂，还要分别出厚薄、深浅、浓淡、明暗。勾填法运用颜色，是比勾勒法更需要熟练的。勾勒与勾填的着色法，自东晋至北宋的画迹来看，是被普遍使用着的。

没骨法，不用墨线勾出物体的轮廓。有的是预先在另纸上用墨线构图，再把这构成的图（草稿）影在所画的纸或绢的下面，然后在纸或绢上利用下面所影的草稿，进行绘画。还有的就在纸上用柳炭勾出物体的大概轮廓，就依炭痕再进行绘画。因为用墨笔勾出的轮廓，在古代被解释为"骨法用笔"，又叫"骨气"。这种没骨画法，是不需要用墨线勾轮廓的，所以叫作没骨法。它不一定全用颜色绘画。有的是用墨画成的，如宋苏轼的墨竹等；有的是用色用墨相互使用的，如明沈周的朱梅等。北宋后的写意画派，大概是由此演变下来的。

另外还有勾填、没骨互相使用的。如明陈道复所画的菊花，先用墨笔勾出花朵，染些藤黄，花梗与叶，则是用墨笔拖点成为花梗与叶的形态。严格地分析一下，花朵用的是勾填法——墨笔勾出花瓣，再填进藤黄，梗与叶则是用没骨的画法。

第二节　古代画家对于颜料的选择

古代画家对于颜色原料的选择，非常考究。像张彦远所说"武陵水井之丹，磨嵯之沙"等，注重名产，不惜重金购置。这和民间画工精打细算，选用物美价廉的态度不同。今择其重要的颜料分别叙述。

一、朱砂

朱砂的选择，除张彦远所说"武陵水井之丹，磨嵯之沙"外，下面是各家论选用朱砂：

甲　明宋应星《天工开物》："光明、箭镞、镜面等砂，其价重于水银三倍，故择出为朱砂货鬻。"

乙　清王概《芥子园画传》："朱砂：用箭头者良，次则芙蓉块匹砂。"

丙　清邹一桂《小山画谱》："朱砂：以镜面砂为上。"

丁　清沈宗骞《芥舟学画编》："朱砂不论块子大小。"

戊　清迮朗《绘事琐言》："选砂惟要明净，不净则夹铁，不明恐是方士烧炼之余。亦有一种炒过者，色紫而不鲜，久则变黑。又有取'过天硫'（水银）者，色亦无神，俱不宜用。惟择其鲜红而有光彩者。"

上述各家所说，作者认为只要是块状、板状，表面有光泽的，就是好朱砂。

二、胭脂（即胭脂饼、棉花胭脂）

甲　《芥子园画传》："须用福建胭脂。"

乙　《小山画谱》："双料杭脂。"

丙　《绘事琐言》："以杭州雀舌为最。雀舌者何？木棉絮叠成薄圆片，大小不等，以收紫梗汁。既干，剪下每片之边，形如雀舌，其色厚而鲜，余皆不及也。"

现在胭脂饼虽找不到，但是红蓝花、紫梗、茜草都可以找到。因为这种胭脂颜色，无论是工细的画、写意的画，都还需用它。西洋红有时替代不了胭脂（姜思序售卖胭脂膏）。

三、赭石

甲　《芥子园画传》："赭石拣其质坚而色丽者为妙。有一种硬如铁与烂如泥者，皆不入选。"又"赭石须选石色鲜润，其质不刚不柔"。

乙　《小山画谱》："赭石以黄赤色鲜明者为上，铁色者为下。取其质嫩细可磨者。"

丙　《绘事琐言》："今画家所用，其质以坚为贵，而硬如铁、烂如泥者不可用。其色以丽为上，而紫如黑、淡如黄者不可用。"

赭石捻取颜色鲜明的即可，有时还需要暗赤色的。

四、雄黄、石黄、土黄

甲　《芥子园画传》：“雄黄拣上号通明鸡冠黄。”又“雄黄选明净者细研”；又“土黄用炭火煅用”。

乙　《绘事琐言》：“近日闽广有一种石黄，来自西洋，并无大块，但有细粉，亦无嗅气。”

石黄是法国来的好用，色也娇艳。

五、石青

甲　《芥子园画传》：“石青只宜用所谓梅花片一种，以其形似，故名。”

乙　《芥舟学画编》：“石青有数种，但皮粗而成块者，皆可入画。”

丙　《小山画谱》：“石青取佛头青捣碎，去石屑，细乳，用胶取标，即梅花片也。”

丁　《绘事琐言》：“今货石青者，有天青、大青、回回青、佛头青，种种不同，而佛头青尤贵。”又“石青约有三种：一箭头青，一梅花片，一细如芥子……总以色翠而鲜为贵”。

石青无论哪一种，总以含泥砂少而又鲜丽的好用，好青“出头”也多些。

六、石绿

甲　《芥子园画传》：“石绿用虾蟆背者佳。”

乙　《小山画谱》：“石绿取狮头绿。”

丙　《芥舟学画编》："石绿以少沙而色深翠者为佳。"

丁　《绘事琐言》："石绿总以色嫩者为佳，其形似虾蟆背为贵。"

石绿不论"狮头绿""孔雀石"，都可以得到娇嫩的颜色，全在乎研漂得如何。

以上是各家对于重要颜料的选择。他们的主张，大致相同。

第三节　古代画家留传的研漂方法

古代画家研漂颜色的方法，各自不同。依法参酌试制，可以明了各种颜色的特性。大致谈起来，不外"淘、澄、飞、跌"四步手续。"淘"是说把可以洗涤的原料，先像淘米那样地淘洗一下，然后再研。"澄"是淘洗研细之后，兑入胶水，经过相当时间的澄清，清轻的部分上浮，重浊的部分下沉。然后"飞"出——就是把上浮的部分撇到另一碗碟中。留下来下沉的部分，再研，再"跌"荡，使清轻上浮的颜色，不致被压沉在底下。经过这四步手续，朱砂可以漂出朱标（三朱）、正朱（二朱）、粗砂（头朱）。石绿可以漂出绿花、枝条绿、三绿（浅绿）、二绿（正绿）、头绿（粗绿）。这样处理需要相当时间。至于研漂所用的工具为：

罗、担笔、乳钵、大碗、大小碟子、风炉、沙锅、磁缸、水桶、生姜、炭、酱和广胶（碗和碟是须用火烤的，先抹上姜汁、黄酱烤过，瓷釉就不至于在烤时崩裂）。能再预备一只三百毫升的量杯，那就更可以看出研细兑胶后的上下浮沉情况了。

一、朱砂研漂方法

甲　《芥舟学画编》："向有说'朱砂四两，须人工一日'，愚则以为必须两日。不过研愈多则黄膘亦多耳。研时须用重胶水。工足后，用滚汤入大盏搅匀，安半日许，倾出黄膘水，炭火上烘干。……出黄膘后，再入清胶水，细细搅匀，安一顿饭许，倾出，复候出黄膘水。"

乙　《绘事琐言》："择其鲜红而有光彩者，洗过晒干，碾入擂钵，干乳至细，欲栩栩然飞出。则用胶水少许，兼以温河水飞之，飞下者粗也。再乳再飞，至紫色者，脚也。脚去之。先飞下者为标。浮于标上者，黦也。黦，弃之。先后飞下者作三层，大率与青绿同。多者用碗，少者用碟。"

"三朱"：研细时，入胶水研匀，温水搅开，将上黄水撇于碗中，皆飞下之朱也。此碗尚有粗脚，以指搅匀，另用一碗撇入黄水为第一碗。所遗沉脚，仍归乳钵，以俟再研。随将第一碗内黄水撇出为第二碗，所留第一碗内之红底，谓之三朱。

"二朱"：第二碗内黄水，少停一刻撇出为第三碗。所留第二碗内之红底，谓之二朱。

　　"头朱"：第三碗内黄水，停半日撇出为第四碗。所留第三碗内之红底，谓之头朱。

　　"黄膘"：第四碗内黄水，上有浮炁，以净纸盖水面拖去浮炁后，以碟盛黄水，置手炉上烘干。

　　朱分三层，每飞下时，须用滚水出胶。

　　以上二家，一家主张用重胶水研，一家主张洗过干研。朱砂少，可用前法；朱砂多，后法较便。但须滚水洗过再研。又迮朗的漂法，他把朱标分成四等，这是比较细致的方法。不过，按一般的习惯名称，他所说的"头朱"，正是三朱，他所说的"三朱"，一般叫作头朱。他对石青、石绿的头、二、三的名称也同样倒置。又"水飞""指搅"是漂颜色的方法，这即是《红楼梦》四十二回上宝钗所说的"飞"和"跌"。这方法是兑入胶水后，由于颜色颗粒的大小、浮沉的难易，以及胶水遇热上浮的特性，应用比重的原理，增减胶水来分析颜色，使它很明显地成为深浅各部分。

　　二、石青研漂方法

　　甲　《芥子园画传》："石青……取置乳钵中，轻轻着水细乳，不可太用力，太用力则顿成青粉矣。然即不用力，亦有此粉，但少耳。乳就时，倾入磁盏，略加清水搅匀，置少顷，将上面粉者撇起，谓之油子。油子只可作青粉用……中间一层是好青……着底颜色太深……是之谓头青、二青、三青。"

乙　《芥舟学画编》："……但研至将细时，必以滚汤泡过搅匀，候一盏顷，去面上浮出者，然后再研。"

丙　《绘事琐言》："漂青之法，略与漂朱同。乳钵内沉脚再研，加胶再撇如前，仍分三层，与前同用。越研越青，不可轻弃。凡乳青须细细轻研……其撇水时，须随搅随撇，不可久待。待之久，则青沉不去。……惟第三碟内撇去浮标，不必指搅。至于用石青时，胶水须稠，火上熔用。用后加清水，火上烘之，胶浮于上，撇去净尽，是谓出胶。出胶不净，则下次再用，便毫无光彩，故必胶出净尽。俟再用，则临时再加新胶水可也。"

研漂石青的方法，三家所说，都不够详细。石青的原料，种类较多，在淘澄它时，也就比较费手。不过，连朗主张出胶，是非常必要的。

三、石绿研漂方法

甲　元李衎《竹谱》："设色须用上好石绿。如法，入清胶水研淘，作分五等。除头绿粗恶不堪用外，二绿、三绿染叶面。色淡者名'枝条绿'……更下一等极淡者名'绿花'。……若过夜，则将绿盏以净水出胶。"

乙　《大明会典》："青绿石矿，每斤淘净绿一十一两四钱。暗色绿每矿一斤，淘净绿二十两八钱。碙砂一斤，烧造硇砂绿每斤一十五两五钱。"

丙　《绘事琐言》："漂绿之法与漂青同。用时点胶，用后出胶，亦与石青无异。谚云：'绿不绿，胶不宿；碧不碧，胶不出。'似石青以出胶净尽为妙，石绿即不出尽，亦无妨也。"

李衎把石绿分成绿花、枝条绿、三绿、二绿、头绿五等，最精致，上好的石绿是做得到的。《大明会典》只是说明"彩画作"研漂石绿每斤的出头。连朗所引谚语，经实验，石绿不出胶，用时再兑清胶水研用，是完全可以的。并不妨碍色彩，越发地细腻好用。

四、花青的制法

甲　《芥子园画传》："看靛花法，须拣其质极轻，而青翠中有红头泛出者。将细绢筛，摅出草屑。茶匙少少滴水入乳钵中，用椎细乳，干则加水，润则细擂。凡靛花四两，乳之必须人力一日，始浮出光彩。再加清胶水，洗净乳钵，尽倾入巨盏内澄之。将上而细者撇起，盏底色粗而黑者，当尽弃去。将撇起者置烈日中，一日晒干乃妙。若次日则胶宿矣。凡制他色，四时皆可。独靛花必俟三伏，而画中亦惟此色用处最多，颜色最妙也。众色俱可一日合成，惟靛青必须数日；众色四季俱宜，惟靛青入胶、研漂、去滓，宜于夏日，以便烈日晒成，不假火力。若急用，则以火熬，但勿致枯焦为妙。"

　　乙　《小山画谱》："花青，用广青略带葡萄色者为佳（这正与王概说'有红头泛出者'相反。可是'靛花''广青'不是一种。'广青'不泛红头，即是'青黛'，价钱贵）。罗筛去滓，用胶研细，淘取其标，倾碟内，文火烘干。夏月分碟速干，恐胶臭也。"

　　丙　《芥舟学画编》："花青即靛青……其色青翠灵活，画家之要色也。先捣碎如泥（这是指与石灰混合成块的），用滚汤泡过。先泡出黄水，后泡出青水，所出者即其翳。虽泡数次，而其本色仍牢附于灰。入乳钵细研后，倾胶水搅匀于大盏，候一时许，倾其浮出之色于别盏，以其底之所碇（音订，沉附于底的意思）者，不必加胶，仍如前细研，复以前浮出之色倾入，候一时许，倾于别盏，照此法凡数次，至其底色稍淡为止。盖花青既是附灰而成者，则所出之色，愈后愈佳。且一二次不能尽出，故必数次取也。……须合将倾出之水，总候半日许，倾入磁盘，复出其所碇者。将磁盘安于护灰炭火上，顿将干，以物细细搅匀。若听其自干而不细搅，则上半多胶，下半多灰。必搅于将干之时，则不尽之灰与胶之黏性相和矣。"

　　丁　费汉源《山水画式》（1792年刊行）："搌花青法，先将靛花筛过，取去石灰及草，待净，入胶水少许，用朽木槌擂细，如千擂不转，再入胶水少许，再擂。如此数遍，看无渣滓，再倾清水，不可多，又不宜少，再擂。候水澄清，去水，以花倾入净器内，晒干。如无日色，将微火烘干听用。"

　　戊　《绘事琐言》："漂花青之法，近日画谱多略言之。……靛则草质，至轻至柔。以乳钵研之，刚不克柔；以手泥之，柔以克柔，渣滓尽融为汁浆，故制淀者利用泥。始用绢筛，筛去草屑。化胶水极浓，约花青四两、胶二两，研敛成丸，如小弹子，黏于大磁碟底，不可日晒，不可火炙，俟其自干。然后用澄清河水浸一日夜，黄水自出。每朝撇去黄水，换入清水，十余日黄未尽而胶已尽。烘干，复用胶敛、水浸如初。又十余日，以黄水尽出为度，烘干收藏，以待乳用。……热手炉上先化极稠胶水一大碟，滴四五滴于空碟内，入淀少许，以指细泥，如泥金法。泥至将干，指上蘸水，再泥至极细，精光耀目，始加数滴清水泥开，不可多水，亦不可少。少则胶重，多则太稀，宜慎用之，宁多勿少也。泥开之后，归存大碗，而碟底既湿，滑不黏指，须俟烘干再用。另取一碟，泥之如前，轮流替换。若得四五人聚而泥之，一日可泥两大碗。大碗既盈，上须遮盖，澄过一夜，至来日清晨，用薄生纸拖去碗面浮翳，轻轻撇去青水，另贮一大碗中，不可稍带沉脚。后用三寸碟子分盛青水置于炉上，旺火烘干，中间不可添入冷水。将干之际，候其方干，即行取下，不可烘焦。俟其既冷，将碟覆于潮湿地上，约半日，稍得湿气，刮下为丸，或散碎纸包藏以待用。用时置磁碟子内，滴入清水，随滴随化，逐时用去，毫无疵累。此泥花青者，较胜于乳钵百倍也。……泥淀时酌用胶水，宁可胶轻，不可胶重。"

从蓝淀提炼花青，在王概、邹一桂是说用"广青""广花"。二者都是不用石灰沤出的。沈宗骞、费汉源、迮朗三家，则是说用石灰沤出成块的蓝淀。至于他们所说的"乳细""研细""细研"这些都应当是"揎"。成块的蓝淀，则是先研后"揎"。作者认为花青是中国画颜色中最重要的色彩之一。因此，特把各家对于由"广花"（成粉末的）、"蓝淀"（成块状的）提炼花青的方法，写在这里，藉供参考。

五、其他各色研漂方法

上述的几样颜色的研漂方法比较繁复，其他矿物质颜料，都可以参用前法，分析成深浅不同的几色。比如：

甲　雄黄　成粉末的，先用水煮，晒干，再兑烧酒研细，兑胶再漂。成块的，它的颜色有深有浅，把深色的归到一起研漂，把浅色的归到一起研漂。

乙　石黄、土黄　也是先煮，再研再漂。"法国石黄"无恶臭，可以不煮，进行研漂，可得深浅三色。

丙　赭石　先煮，有深浅不同的，也是各归一起研漂。

丁　红土、白垩　不煮，只进行研漂，留用最上层的。

戊　铅粉　各家对于防止"返铅"，都提出了许多方法，但是都不很有效。现在有钛白、锌白和蛤粉，可以代替铅粉。

至于植物质的颜色，藤黄最好是用笔蘸着水使用。棉胭脂熬水绞汁即可。槐花采下来，沸水一汤，捏成饼，晒干备用。生栀子、苏木随用随煎水。

第四节　古代画家使用颜色的方法

古代画家使用颜色，各有不同的手法，不能一概而论。并且隋、唐、五代、两宋的画家们使用颜色的方法，在文献上很少记载，有的也仅仅是"片言只字"。这里所写出的，虽还都是些普通方法，但却比较重要，可以上接两宋的民族绘画色彩上的优良传统。

一、李衎说"承染""笼套"

他在《竹谱》一书中说："'承染'是最紧要处，须分别浅深、翻正（反面叶正面叶）、浓淡。用水笔破开时，忌见痕迹，要如一段生成（这是用两支笔，一支蘸颜色，一支蘸水，先在应该重的地方画上颜色，再用水笔烘破开，使它越来越淡。但用一支笔先蘸水，笔尖上再蘸颜色来承染也可以），发挥画笔之功，全在于此。若不加意，稍有差池，即前功俱废矣。法用'番中青黛'（像广花，不泛葡萄红色，南洋所产，中国药店出售）或福建'螺青'（即花青）放盏内……看得水脉（就是说，一片竹叶，哪头是叶尖，哪头是叶基），着中蘸笔承染（由叶的中间着笔染下）。嫩叶则淡染，老叶则浓染。枝节间深处则浓染，浅处则淡染，临时相度轻重（这一段是在勾出形象以后，未染绿色以前，先用花青染出有浓有淡的底子，这是着色的第一步。唐宋一切叶子的染法，都是如此）。调绿（石绿）之法，先入稠胶研匀，别煎槐花水相轻重和调得所（'得所'是适宜、适合的意思。用槐花水和调，也是唐宋传下来的方法。槐花水代替了'漆姑汁'，见张彦远论色）。依法濡笔，须轻薄涂抹，不要厚重及有痕迹。亦须嵌墨道遏截，勿使出入不齐，尤不可露白（'露白'是说墨道与颜色之间露出白纸。这是勾填法，是把颜色填进墨道里面去，不是先把墨道用颜色掩盖，完毕后再行勒出的勾勒法）。……'笼套'是画之结果，尤须缜密。候设色干了，仔细看得无缺空漏落处，用干布净巾着力拂拭，恐有色脱落处，随便补治匀好。除叶背外（叶背色淡），皆用'草汁'笼套（笼套是笼罩套染的意思）。叶背只用淡藤黄笼套。"（"草汁"即草绿，又叫"汁绿"，是花青、藤黄合成的绿色）

李衎这方法——承染、笼套，经作者实验，不仅是染竹叶，任何叶子都可以用这方法。无论绢或纸（熟纸），先用花青染出浓淡，分出反正、向背、阴阳和光的明暗，就着已染过花青的，用二绿、三绿轻轻地染上去，花青色重的地方，石绿要更薄些，花青淡的地方——光线明的地方，石绿要比较着厚一些。这样，就显出花青重的地方，石绿显着深暗，花青淡或没有的地方，石绿显着鲜明，这是正面的叶子。叶子的背面，一般的都是比正面要浅一些，或是淡一些，这要用"绿花"去染。嫩枝用"枝条绿"去染。当要染石绿时，首先是把石绿兑胶、兑槐花水调合。这样做，不单是增加颜色的鲜艳，而且还增加它的固着力。干后，用洁净的布巾去擦，看石绿是不是固着不动。如果有些掉色，这就不光是在掉色的部分去补救，还要在全部涂上石绿的部分用槐花水合胶水再轻轻用软羊毫笔罩一遍。等到石色已经稳固不动，再用藤黄兑花青的草绿罩染，中使用石绿以再染。背面还要衬托。这是民族绘画再加罩染的重要方法。

二、王概、迮朗说使用，凡绢上正面用粉，后面轻宜淡，要与墨匡相合，不

王概说："或着一层，故宜轻，便于再加。染粉必衬。……着可出入

法：如牡丹、荷花虽经傅染，必再以粉染其尖，方有深浅层次。诸花之瓣，如求娇艳，亦必先于粉上架染。丝粉法：花如芙蓉、秋葵，瓣上有筋，须勾粉色染；菊花每瓣亦有长筋，以粉丝出，并勾外匡，再加色染。点粉法：写生花不用勾匡，只以粉蘸色浓淡点之……若点花蕊之粉，须合藤黄，不可过深，入胶宜轻，点出黄蕊，方外圆内凹，不晦暗也。衬粉法：绢上各粉色花，后必衬浓粉方显。若正面乃各种淡色，背面只衬白粉；若系浓色，尚觉未显，则仍以色粉衬之。若背叶，正面色用浅绿，背面只可粉绿衬，不可用石绿。"

迮朗说："积粉之法，如画牡丹、芙蓉花之类，素绢蒙于粉本之上，以粉逐瓣染成，每瓣边上浓粉，另笔蘸水染至根头，是曰积粉。积成之后，用各色从根染出，留其白边。染成之后，真如瓣瓣悬空，迎风欲动，工细极品也。点珠，用浓厚粉点去，干时，每点中有凹下处，不妨也。由是以推，边至根后，牡丹，亦有丹砂积成如积粉法，用脂及洋红染瓣，由两家朱标衬背，其红自鲜厚。"

的。惟用蛤粉，粉方法，都是主张两面敷粉（衬背）白较妥。庯用。背后衬托，最好是钛白、锌

三、各家说使用朱

王概："朱标着人

枫叶栏楣寺观等

李衎这方法——承染、笼套，经作者实验，不仅是染竹叶，任何叶子都可以用这方法。无论绢或纸（熟纸），先用花青染出浓淡，分出反正、向背、阴阳和光的明暗，就着已染过花青的，用二绿、三绿轻轻地染上去，花青色重的地方，石绿要更薄些，花青淡的地方——光线明的地方，石绿要比较着厚一些。这样，就显出花青重的地方，石绿显着深暗，花青淡或没有的地方，石绿显着鲜明，这是正面的叶子。叶子的背面，一般的都是比正面要浅一些，或是淡一些，这要用"绿花"去染。嫩枝用"枝条绿"去染。当要染石绿时，首先是把石绿兑胶、兑槐花水调合。这样做，不单是增加颜色的鲜艳，而且还增加它的固着力。干后，用洁净的布巾去擦，看石绿是不是固着不动。如果有些掉色，这就不光是在掉色的部分去补救，还要在全部涂上石绿的部分，用槐花水合胶水再轻轻用软羊毫笔罩一遍。等到石绿颜色已经稳固不动，再用藤黄兑花青的草绿罩染，一遍不够，还可以再染。背面还要衬托。这是民族绘画优秀传统中使用石绿再加罩染的重要方法。

二、王概、迮朗说使用粉

王概说："或着白花，或合众色，凡绢上正面用粉，后面必衬。……着粉法：正面着粉，宜轻宜淡，要与墨匡相合，不可出入。如一层未匀，再加一层，故宜轻，便于再加。染粉

法：如牡丹、荷花虽经傅染，必再以粉染其尖，方有深浅层
次。诸花之瓣，如求娇艳，亦必先于粉上架染。丝粉法：花如
芙蓉、秋葵，瓣上有筋，须勾粉色染；菊花每瓣亦有长筋，以
粉丝出，并勾外匡，再加色染。点粉法：写生花不用勾匡，只
以粉蘸色浓淡点之……若点花蕊之粉，须合藤黄，不可过深，
入胶宜轻，点出黄蕊，方外圆内凹，不晦暗也。衬粉法：绢上
各粉色花，后必衬浓粉方显。若正面乃各种淡色，背面只衬白
粉；若系浓色，尚觉未显，则仍以色粉衬之。若背叶，正面色
用浅绿，背面只可粉绿衬，不可用石绿。"

　　连朗说："积粉之法，如画牡丹、芙蓉花之类，素绢蒙
于粉本之上，以粉逐瓣染成，每瓣边上浓粉，另笔蘸水染至
根头，是曰积粉。积成之后，用各色从根染出，留其白边。
染成之后，真如瓣瓣悬空，迎风欲动，工细极品也。点珠，
用笔蘸厚粉点去，干时，每点中有凹下处，不妨也。由是以
推，画大红牡丹，亦有丹砂积成如积粉法，用脂及洋红染瓣
边至根后，以淡朱标衬背，其红自鲜厚。"

　　由两家看使用白粉方法，都是主张两面敷粉（衬背）
的。惟用蛤粉，只宜正面使用。背后衬托，最好是钛白、锌
白较妥。

　　三、各家说使用朱砂

　　王概："朱标着人衣服。好砂用画枫叶栏楯寺观等

项。……中间鲜明者，晒干加胶，用着山茶、石榴大红花瓣，以胭脂分染。在下沉重，只可反衬。"

沈宗骞："倾出黄膘水……作人物肉色及调合衣服诸样黄色，以其鲜明愈于赭石多多也。出黄膘后……可作工致人物衣服及山水中点用红叶之类。"

迮朗："凡染大红，以二朱为地，用淡脂染六七次，以浓脂细勾，自然鲜艳。……惟烘染既足，矾一两次，则绢纸烂后，颜色仍鲜，所谓以人力护其天真也。……凡染大红，以二朱为正，固已。又有于黄膘下取其稍有红色者，加入二朱内作地，初觉其有黄色，以洋红染之至六七次，极红而止，然后以脂勾出。若绢本以"三朱"（应是头朱）衬背，或用铅粉衬，其红倍觉鲜明。……盖胭脂多染则浓而带黑，洋红多染则厚而仍鲜。丹砂之上，加染数次，倍觉鲜艳夺目。"

由这三家所说，在使用大红颜色上，还不止仅用二朱，尚须用胭脂、洋红分染，并还须使用重胶，还须上矾，还须衬背。迮朗主张用洋红分染，比用胭脂更加鲜艳，这是很正确的。

四、各家说使用青绿

王概："凡正面用青绿者，其后必以青绿衬之，其色方饱满。……'石青'其上轻清色淡者，用染正面叶绿，方得深厚之色。其中为质粗细得宜，为色深浅正当者，用着纯青花瓣及鸟之头背。最下质重而色深者，用着鸟之翅尾及衬深绿叶后。凡着鸟身花瓣，青浅者以靛青分染，深者以胭脂分染。'石绿'其上色深者，只宜衬浓厚绿叶及绿草地坡。其中色稍淡者，宜衬草花绿叶，或着正面，罩以草绿，或着翠鸟，用草绿丝染。其下色最淡者，宜着反叶。凡正面用石绿，俱以草绿勾染。深者，草绿宜带青；浅者，草绿宜带黄（作者按：王概说石绿'其上色深，其下色最淡'，应是上面的色最淡，下面的色最深）。如绢上，正面用草绿，只宜背衬石绿；若扇头、纸上用浓重之色，不能反衬，则用于正面，再加草绿染罩，方觉厚润。未可一次浓堆，不妨数层渐加，则色匀而无痕迹。"

沈宗骞："凡山石，青多者，用石绿嵌苔；绿多者，用石青入石绿嵌苔。若笔意疏宕，则设色亦宜轻。合用青绿以笼山石，纯用淡石绿以铺草地坡面，而苔可不必嵌。"

迮朗："至于用绿，亦宜数层渐加，不可一次浓堆。纸上正面着绿，宜以草绿罩之。绢上正面草绿，背面衬以石绿，只宜淡用，不可厚涂，致夺草绿本色，翻觉减趣。二青可作蝴蝶花及染荷叶正面老绿诸色。'三青'可作牵牛、翠眉等花，又嵌点夹叶杂草及人外衣并衬绢。其青深者，用胭脂勾染，其青浅者，用花青勾染。前人衣折用墨

勾，花草用紫勾，古画可细玩。"（作者按：迮朗把石青的头青、三青倒置。他也引李衎说施用石绿，必以槐花水调和，今从略）

上面三家所说使用青绿方法：第一，有纸绢的不同；第二，他们都是说画在"绘绢"（锤扁了丝，施上胶矾的熟绢）上，而不是画在"原绢"（生绢、圆丝绢，不把丝锤扁，不加胶矾）上。唐宋使用青绿，由于是用"原绢"，所以都在正面涂抹，背面衬托，正面再加"草色"罩染。不是像王概等所说，正面用草绿，背面衬石绿——虽然他们也说过正面用石青、石绿（李衎所说也是用"原绢"）。又唐宋人使用青绿之前，有的先用花青分染出深浅、反正、浓淡（石绿），有的是先用墨分染深浅、反正、浓淡（石青），然后再上青绿，再进行分染。这三家仅仅局限在使用"绘绢"上。但使用绘绢，用三家的方法，也是非常鲜丽的。

五、各家配合众色

这是除了元王绎"采绘法"外的各家配合众色的方法。作者把它总合归入一个表格里。不过各家所说的配合众色，是死的，是有局限性的，我们对它应该活用。并且众色的配合，也并不止此。

配合众色表

比例数 间色 ＼ 单色	花青	藤黄	赭石	墨	胭脂	洋红	朱标	朱砂	粉
草　绿	五	五							
老　绿	六	四							
嫩　绿	三	七							
芽　绿	二	八							
油　绿	五	四		一					
苍　绿	四	五	一						
莲　青	二				四	四			
藕　合	二				三	三			二
金　红		四					六		
肉　红			三		三				四
银　红					三		三		四
殷　红					四			六	
粉　红						四			六
金　黄		五			五				
苍　黄		四	六						
老　红			四					六	
深　紫	三				二	五			
铁　色		七		三					
酱　色		六		二	二				
檀香色		五	五						
秋香色		八		二					
鹅　黄		八					二		

第六章　现代国画家研漂及使用颜色的方法

第一节　研漂方法

现代国画家对于颜色的淘、澄、飞、跌方法，有些是与古法不大相合的，有些是比古法更加周密的。为了节省时间，有人还开始使用小型粉碎机来研磨颜料。

一、朱砂

把生的镜面朱砂，在乳钵中干研，研得越细越好。如果研成的朱砂有四两重，就把研细的朱砂倒入直径二寸多的竹筒内，竹筒下节留底，洗净，缠上铅丝防裂。另熬广胶——黄明胶水，要浓稠，用上面清轻的液灌入竹筒，与朱砂搅到极匀的程度，随搅随兑入清水，放置一个钟头待用。小沙锅里放入多半锅水，把竹筒平放在锅里，用微火去煮，不要使水煮沸，随煮随添冷水。最后煮到竹筒里的朱砂将干，把锅端下来，等到水冷，再把竹筒取出。这样，一直等到竹筒里的朱砂干透，把竹筒外的铅丝解下，不要使竹筒自裂，要用刀轻轻地劈开成为两半，预备使用。这时筒内的朱砂，上层的是朱标，越上越黄，下层的是头朱，越下越紫，中间一层是正红的二朱，特别鲜艳。这方法比较用"水飞"的方法，省时省事。但必须在竹筒的下部，锯出三个支脚，以便锅里的热水可以流通。所用火炉，最好是炭火，其次用石油打气炉也可以。因为它们都容易调节火力。

　　用刀切开竹筒，把煮成的朱标、二朱、头朱三部分，各放在大碗里，用滚开的水去沏，泡过三四个钟头，将水倾出，用手搅匀，再用滚开水沏入，泡过几个钟头，等它澄清，朱标可能超过二十四个钟头。这时胶全浮起，将水撇出，晒干或用火烘干，放在能防潮湿的地方，预备临时兑胶使用，这就叫"出胶"。若是石青，使用后，下余的部分，仍须用滚水一沏"出胶"，朱砂使用后可以不必再出胶（图三：乳钵；图四：朱砂、石青的澄漂方法）。

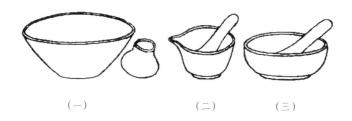

（一）　　　　　（二）　　　（三）

图三：乳钵

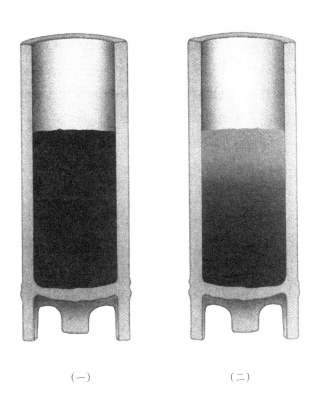

（一）　　　　　　　　　　（二）

图四：朱砂、石青的澄漂方法

二、赭石

成块的赭石，中国药店可以买到。干研到极细的程度，可同样使用上述的竹筒漂法。不过在最下层的重色，干了后，要用磁铁吸去残余在当中的铁质，再研再漂。上层是泛黄色的，中层是赭的本色，下层已吸去铁色、泛着暗红色的部分，这正是古代画家称为"铁朱"的颜色。它比赭石合墨更红一些，比胭脂要暗一些。画人物器具要用它，画花的梗、叶上面勒的叶筋，画麻雀、凫、雁、鹰、鹞、马、驼等的毛、羽都使用它。"铁朱"是古代画家、民间画工重用的颜色。明清以来的画家们都弃而不用，只用赭合墨来代替。清末民初的画家们，赭石只用上面的"赭标"。

三、西洋红

西洋红是旧德国货，它是"大德颜料公司"和"倍利堪厂"的制成品，前者是粉末，后者是块状的，块状的中国叫它"洋红砖"。我们只知道它是动物质的沉淀色料。迮朗氏在他的《绘事琐言》里已叙述了它。它的好处是画在熟纸或绢上，绝不蚀透到背面。如果用白的羊毫笔蘸着它画，它也不会把笔染成红毫而仍是白色。另外的洋红，则是蚀透背面（民间画工称这蚀透叫"咬"），并且染笔成红。我们使用它时，只是兑胶研细（用手指研）即可使用。它特别怕潮湿。用后剩余的颜色，必须先行晾干，再加盖收起。不然色就晦暗不鲜。

四、槐花

槐花（中国槐）北方各地都有。在采集时，第一要选择开了的花，不要花托，只要花瓣；第二是要未开的蓓蕾，却要连带着花托一齐摘下。两种不要搀合在一起，各自用热开水一烫，捏成饼晒干，临时使用。为了培养石绿的色泽，"绿花""枝条绿"用槐花瓣煎水调合，"二绿""三绿"用槐花瓣和槐花蓓蕾二种合煎调用。合煎的比例是一比二。画青绿的风景画是这样，画花卉翎毛也是这样。

用槐花调合石绿，见于元李衎《竹谱》。它不但在色彩上把石绿培养得更美丽，而且也起了固着涩滞的作用，同时还可以用草绿罩染。明代以来的画家，很少用槐花水调合石绿的。在这两代的画上看，正面用石绿，再加草绿罩染的却很少。

五、石青

石青有表面粗糙成为块状的叫"回青"；有平面板块层次分明的叫"滇青"；有像小米粒（谷粒）大小、砂粒状的，上面有亮晶晶砂星的叫"沙青"；有大小不等的块状，块面闪翠蓝光的叫"藏青"；有成为粉末，和泥土混合着的叫"泥青"。前四种，在未研以前，捣碎用沙锅煮一个钟头，有泥沫上浮，即用勺撇出，随撇随煮，煮后候干再研。

但这种沙锅，须用南方制造、里面有酱色瓷釉的。北方所谓"里山厚沙锅"，里面粗糙无釉，却不宜用。在这些原料里，最普通的是泥青，色既晦暗，又混有泥土，制起来更加费工。

先说前面的四种，用乳钵研细之后，即入锅再煮，它仍泛起泥沫，随泛随用勺撇去，至不泛为止。这时的色彩，已够鲜明了。俟冷，澄去水，再兑入清胶水，用力去搅，搅到随搅随泛淡灰蓝色为止，仍用竹筒按照漂朱砂的办法，即可得出深浅不同的"青粉""三青""二青""头青"四种颜色。至于后一种"泥青"，主要的办法是首先要煮，随煮随搅随撇，以撇尽上面的浮泥为度。冷后，澄去水，干研。研细后，如前再煮再撇，煮到不泛泥土、泛出鲜明蓝色为止。澄去水，兑胶，用水飞法——王概、迮朗等法，漂出三色。因为它经过兑入胶水，又要泛些泥沫，不适于用竹筒的自然浮沉，必须人工看它浮沉的情况，酌量飞跌着。

若按出色的分量（出头）来说，"回青""滇青"可能得到六成好青（包括二青、三青），"沙青""藏青"可能得到五成至五成五，"泥青"最高可能得到三成五，有的只到三成。石青出胶的方法，也和朱砂出胶相同。但石青更须彻底，宁可多用滚开水沦泡一次，切莫令有余胶。因为漂青兑胶，要比漂朱兑胶浓一些、多一些。出了胶的石青，存放起来，只要是不受潮湿，无论经过多少年，仍然保持它的鲜艳美丽。

又买来人家漂成的石青（姜思序有一钱重的纸包，北京有一钱或二钱重的瓶装），我们第一步先要用乳钵研一下，第二步再兑上清胶水搅匀，看它泛不泛泥土，不泛可以马上使用，否则就必须再漂一下。如果漂仍不净，那就只有煮它一下，看它泛尽泥土为度。这样虽损耗很多，却可以得到好青。

乾隆、嘉庆时的五色墨，我们只看成它是那时的好原料，重新研漂，可以得到很好的颜色。唯有五色墨里的白粉墨，那是用车渠石制成的，车渠石产甘肃、新疆。这种白墨，只用蒸笼一蒸，把它化开，将上浮的胶水撇出一部分，入乳钵研细，更加好用。

六、石绿

石绿，有表面粗糙块状的，通体一色，没有深浅；有表面成为一块块隆起的圆包，深浅不同的块状的；有夹杂着黑线纹的；有像孔雀翎样翠绿色花纹的；有成为细碎颗粒的；有自然分解成为小薄片的。它们的性质都相同。只是表面通体一色的，体轻易碎；有黑线纹的，体重难碎。其他都没有什么区别。

研石绿也和研朱砂、研石青一样，最好是干研，研到极细的程度。在兑胶以前，也要先煮一次，撇去上面浮沫及灰泥土。候冷再兑胶，还要入乳钵再研，然后才进行水飞。若用竹筒自然浮沉也可以。不过，分析的结果"绿花"和"枝条绿"相混，"三绿"和"二绿"相混，头绿显明。作者的试验是：先用竹筒分成三色，再用水飞法分析"绿花"和"枝条绿"，分析"二绿""三绿"，这样做，所得的结果，却令人满意。如果全用水飞，那就太耗时间。漂成后，必须出胶，以便收存，但"绿花"和"枝条绿"不可能全部出胶。不出胶晒干收存也可以。

朱砂漂成的"头朱"、石青漂成的"头青"、石绿漂成的"头绿"，都可以用火炒过，炒到极热时，趁热放入冷水内一"炸"，使它分解，再研再漂，还可以分析成为深浅不同的三色。古代画家、民间画工都说，用乳钵研矿物质的颜料，如果开始执着乳锤向左旋转，那么，就一直都须向左旋转，直到把颜料研细为止；如果开始向右旋转，那就须自始至终地向右旋转，这样才能把颜料研得细。倘或是忽左忽右地乱研，那就不可能把颜料研得细如飞尘。因为是时左时右的旋转乱研，就会把颜料的颗粒滚转成了小圆球。小圆球是圆而且滑的，乳钵锤捉摸不住它，自然不会把它研细。可是在放大镜下观察用"朱标"画成的花瓣，用"绿花"画成的竹叶（"朱标"是朱砂里最细的部分，"绿花"是石绿里最细的部分），看见它们仍然是小小的颗粒附着在纸绢上，但是用肉眼看上去，确乎是像水一样的颜色敷上去，非常均匀，看不出颗粒。由此可见，打算把颜料擂得极细还不在乎擂时手的方向是始终左旋始终右旋。只有应用物理的分解作用，炒热，炸冷，这就解决了粗砂、粗青、粗绿的问题，而增加了它们的"出头"。

七、花青

制造花青的原料第一是青黛，第二是蓝淀。在过去由于蓝淀不易找到，就单独使用青黛。青黛在中国药店里可以买到，价钱比较贵，在药店叫它"建青黛"（建，指福建而言）。它们体质都很轻，见水就浮起来，必须兑上清胶水，用木棒擂细。擂须有耐心，由稀擂到干，由干逐渐添水再擂到稀，如此反覆擂到细腻滋润、泛出蓝光为止。然后起出来晒干，放在大碗里，用温开水轮番沏泡，至不泛黄水为度。兑入清胶水，搅拌得极匀，再兑上冷开水，这时就成为满碗的蓝水了。把这蓝水撇出，晒干、烘干均可，这就是我们所要的花青。下面剩下沉淀的渣滓，仍预备下一次制时兑入再擂。记着，自始至终全用熟水，一点生水用不得，这就可以减少胶的腐败。

研漂其他的颜色，无论是什么季节全可以（北京春天风沙多、灰尘重，那是例外），唯独花青，就非夏秋不可。晴天一晒就干，阴雨还可烘烤。

八、蛤粉

把买到的蛤粉，用乳钵加胶细研，不可出胶。用后晾干，用时加水再研。经过几次的使用，存在钵中的就更加细腻了。不宜把它用尽，应该再兑入粉，加胶再研。如此反覆地加水加料，研了使用，再用再研，它就更加好用。

以上朱标、赭标、花青、洋红可以使用画碟盛用，此外的颜色都应该使用小乳钵盛用。乳钵是西药所用磁质的最好，不宜用玻璃质的，因为出胶须用滚开水的缘故。随用随研，随研随用，盛的颜色越多，使到后来也越细。普通用的梅花格、六角格等的瓷画碟，对于石青、石绿、朱砂、蛤粉、铁朱是不大相宜的。

第二节　使用方法

国画家使用颜色的手法虽各有不同，但主要掌握住技法上的规律，基本上道理是相同的。下面只是举出几种重要颜色来作为例子加以叙述。

一、朱砂的使用

关于朱砂一般只用"朱标"和"二朱"（正朱）两种色度。在风景画里，描写朝阳赤日、彩霞、枫叶……使用这些颜色时，只是相度着涂染，染后上矾，用洋红再行分染。但在人物画和花鸟画上就必须用粉先打成底子（不打粉底，就难得涂匀），再用"二朱"薄染，染后上矾，再用西洋红分染，方觉深厚。最忌浓涂，尤不宜用"头朱"衬背。绢上衬托，只可用朱标合粉。又如大红的山茶花、牡丹花等，必须画出它们的质感和体积。染法是：先涂薄粉，用朱自瓣尖和瓣的边缘，向瓣的深处去烘染（同时使用两支笔，一支蘸朱，一支蘸水，朱笔染，水笔烘），烘染到瓣的深处、凹处、弯曲转折处……朱色极淡，或者没有朱色。干后上矾，再用洋红自瓣的深处、凹处，向瓣的边缘和尖端烘染（这时烘染只用一支笔，先蘸清水，再用笔尖蘸洋红或胭脂，自瓣根向尖去染，它就越向尖端色就越淡了。这种技法，叫"笼套"，又叫"拖染"），一次不够，再来一次，染到花瓣有了悬空迎风飞舞的感觉为度。古代中国画家使用朱砂烘染，都依靠了胭脂。胭脂多染泛黑，不如西洋红染出来鲜艳悦目。

二、西洋红的使用

西洋红，"大德颜料公司"出品的不变色，"倍利堪厂"出品的有些变色。前者色深红，后者色较"尖"一些，被称作"牡丹红"（买瓶装的兑胶使用。姜思序颜料铺还把牡丹红制成膏售卖，用水化开即可使用）。用它们分染花果，都是用笔尖蘸着由深染到浅，一次不够，再来二次、三次，越染就越红。若是紫绒绒的花瓣、紫巍巍的服装等，只要先用花青打好底子，用西洋红涂染几次，它就形成红中发紫、紫中透红，非常美丽鲜艳。

在临摹古代绘画时，对已经晦暗了的颜色进行复制，并不是直接在鲜明的颜色里，兑合上暗褐色、黑灰色，一下子涂上去，那么是不能够符合那已经暗了色的色度的。譬如故宫绘画馆曾经陈列的唐人《纨扇仕女图》中的朱砂裙[1]，赵佶《芙蓉锦鸡图》的朱砂胸腹羽，都是已经发暗了的红色，如果要摹写这两张古画，就应该首先用上好鲜艳的正朱（二朱），薄薄地涂上去，俟干，施上淡矾水，干透，它是比锦鸡的胸腹羽更鲜明的。再用胭脂兑入些西洋红、赭石去罩染，一次、两次地染过，自然成了发暗了的朱砂。又摹写那女人穿的朱裙，还须在用胭脂之前先用铁朱去罩染，结果就晦暗得像经过千八百年的朱砂色一样。由此类推，使用石青、石绿、白粉……时都需先用上好的颜色打底子，再对照着古代绘画颜色晦暗的程度，进行罩染。万不可以采取把鲜明的颜色中兑上些暗褐色、黑灰色……的颜色一次涂出的办法，尤其是白粉，汉晋唐宋各时期的古画都有不同的白度，如果去摹绘就不能只把白粉和一些其他浅灰色混合起来，一涂一抹，就可以代表年代久远的汉晋或唐宋时期的白粉。这

---

〔1〕见附图14。

首先要研究古人所使用的颜料是白垩，是蛤粉，是什么，然后再决定使用底色并用其他合适的灰色进行罩染才对。

三、花青的使用

对于花青，最常用的是用它来染花卉的叶子。

没骨画法是：先用笔蘸调合成的嫩草绿色，再在笔尖上蘸些花青，由叶的根脚向叶梢一画，这就形成了根脚色深、叶梢色浅的一片绿叶。这和画粉红花瓣，先蘸水或蘸淡粉，用笔尖再蘸胭脂或洋红，自瓣尖向瓣根拖染，就形成瓣尖红色淡到瓣根的花瓣一样。还有，用笔先蘸上淡粉，再蘸上些嫩绿，笔尖上再蘸上些洋红或胭脂，用它画一朵兰花，起首先画花心的小瓣，再画外边的大瓣，这一下，不但是把兰花朵画得有深有浅，并且还把兰花的红瓣尖、红丝筋全画了出来。若是先蘸上嫩绿，再蘸上花青，笔尖再蘸上一点赭石或红（色括胭脂、洋红），用它由叶尖向叶根脚去拖画，这还可把一片叶画成五色。蘸赭石的是老叶，蘸红的是嫩叶，光与色，一下子都可以画了出来，还画出了季节与时间。蘸上花青，再蘸洋红画紫藤花，也可以点染出深浅浓淡的花和蓓蕾，这样画要一笔画完，最忌重复地再涂上去。

勾填和勾勒（勾填是沿着墨线的轮廓，填进颜色去；勾勒是用颜色把墨线盖住，颜色进行完了，再行用色线或墨线勒出）的叶片，施用花青，首先是用花青分染出浓淡、反正、轻重、深浅，在上面或罩染石绿，或罩染草绿都可以。但必须在使用花青之后，先上一道矾水，再用绿色罩染，花青就固着不动了。像桂花、山茶花等的暗绿叶，在花青里还要兑上些淡墨，再行分染，用绿色罩染。有的用草绿罩染一遍，还觉不够，在上面仍可罩染一二遍，必须染到青翠浓艳，神似所描写的实物为止，有时也许更突出些。又如画墨牡丹，这是先用花青分染出浓淡、反正、轻重、深浅，然后再用洋红不止一次地罩染。风景画的远山、天色等，也是用花青烘染。

四、石青、石绿的使用

人的衣服，鸟的羽毛，风景画的山石、树木、天色和一些器物，使用石青的机会很多。如果要求在青的面上有浓淡深浅，那就需要先用墨或花青染出浓淡深浅的底子，然后再薄薄地涂上石青，自然就形成浓淡深浅不同的色调。无论是"二青""三青"，都是临时兑胶，用后出胶。风景画里的山石，除了先用墨和花青分染以外，还要和石绿同时涂上，才免去生硬死板的缺陷。至于涂石青"地子"（除去画上去的画，其余空白的部分叫"地子"），那是使用"头青"的。涂法是：首先把"头青"兑入稠胶水，还要预先估计它的使用量，宁多勿少。在南方冬日，室内不生火，四时均可涂"地子"。在北方冬季，室内生火或有水暖设备，那就需要先将另外预备的旧报纸喷湿待用，然后再涂。涂是完成一部分，即用湿纸盖在上面（不要湿纸和涂青的地方接触），随涂随盖，直到涂完为止，然后把湿纸全部揭开，使它同时干，这样就一片均匀，毫无痕迹。其余的时间，越是阴雨的天气，越容易涂匀。在兑胶时，必须秾稠合适，胶太多容易断裂，胶太少又不容易匀，须要先取得经验再涂才好。最忌在大风、燥热的天气里涂石青地子。

石绿的用途比较多。在画风景画的青绿山石时，无论是纸是绢，都要先用墨皴染出阴阳、向背、浓淡、轻重，必须做到所谓"墨韵既足，然后敷色"。但是墨的皴染既足，还须先用淡赭石通体罩染一遍（连预备施用石绿的部分也在内）。干后，把预先用槐花水调合好的"三绿"，自认为应该使用石绿的部分，薄薄地罩染，越到了石脚、山根、烟岚、云雾的地方越轻淡，正像古诗上说的"山色淡如无"一样情况。这样一次、二次地染下去，自认为色彩已足为止。就是画大青大绿的金碧山水，"三绿"和"二绿"交错着使用，也是逐渐烘染到山根、石脚使它露着赭石染出的颜色。在纸上这样罩染之后，山的轮廓和皴染，因为是薄薄地使用石绿，就使人感觉着是石绿所形成的阴阳、向背、浓淡、深浅。干透之后，再用草绿烘染，更加明显深厚。在绢上还须用"头绿"衬背。当薄薄地罩染石绿时，如果还感觉着色彩不够，仍可以加罩石绿。在加罩石绿以前，就必须先上一道淡矾水，等干再罩。就是石绿罩染已够，在未烘染草绿以前，也必须使上一道淡矾水，矾水干透，还需按平用布擦抹一下，看看颜色稳固不稳固。不稳固，及时修补，稳固了，再进行草绿烘染。这样就不至一经烘染，石绿发生动摇（着色的术语叫"滚"）。凡是使用石绿完了，就必须加一道淡矾水，用布擦一下，为的增加它的附着力。风景画是这样，其他的画也是这样——涂完石绿，上一道矾，用布擦一下。

花卉的叶子使用石绿，必须先用花青分染出叶的浓淡、深浅、轻重，干后罩矾，再由叶的尖端和边缘，用石绿向叶的根脚罩染，叶尖端和边缘的绿，要比较浓一些，花青重的地方，罩染石绿更要薄，这样就形成染过花青的地方石绿更重一些。染完等干，再上一道矾水，然后用草绿罩染。有的叶子是深绿，有的还泛出蓝色如荷叶等，这就需要在草绿罩染之后，用"三青"再向浓重的地方，薄薄地罩染一遍，这叶子就越发地浓厚，泛出蓝光。若是比较大的叶片，像荷叶、芭蕉叶等，那就更必须是这样做，才使人看着有立体感、真实感。在纸上不必由背面衬托，在绢上就必须衬托。若画野草、花卉在绢上，正面绿叶，先用花青分染，再用草绿罩染，背后再衬托石绿，更加鲜艳。叶的背面，绿色较淡，不用花青先染，只用"绿花"或"枝条绿"罩染，上矾，再用草绿中的嫩绿烘染。纸上背面叶不衬托，绢用"三绿"合粉衬托。

画孔雀、鹦鹉等，都是要用石青、石绿的。石青、石绿因为它们的被覆力相当强，画家就利用这一点，先打下浓淡深浅的墨底子，再用它们罩染在上面，很自然地显露出它们的深浅浓淡。画鸟类，青绿罩染既足，上矾后，用布擦抹，再用花青或草绿分染，最后再"丝"毛羽（"丝"是技法上的术语，就是画出细丝的意思）。

宋代有画石青色的牡丹花——《牡丹谱》叫"墨舞青猊"——那是先用粉打底子，再染胭脂，由瓣的尖端罩染极其漂亮的"滇青"，显着翠巍巍地泛出紫光。又绿色牡丹是用"枝条绿"分染瓣的尖端和边缘，再用粉烘染，然后用嫩绿去"醒"（"醒"就是说把它分染得更加清楚醒目的意思，也是技法上的术语）。

五、白粉的使用

目前科学进步，钛白、锌白都可以找到，同时还有蛤粉问世，这是明清画家们所想不到的。钛白和锌白兑胶研细很好使用，它们的色度、被覆力都很强。用它们涂染，也容易匀。用它们打底子，在上面再罩染各种各样的颜色，也都胜任愉快。

使用蛤粉，必须先取得经验，方不至于浓淡不匀。因为它在乍涂上去的时候，并显不出它的白来，必须经过半分钟、一分钟的时间，在水分挥发或渗透后，才显现出它的白来。这就必须对它先取得了经验，掌握了浓淡多少，再行涂染，才能做到深淡均匀。它的白色，不像钛白、锌白那么鲜明。它的色相是沉着浑厚的，色调比较含蓄，具有特殊的情调。

六、其他颜色的使用

赭石是要分成三色使用的。藤黄的使用，首先是要预计使用量的多少。如果使用量多一些，那就是临时把藤黄当作墨似的研用，研完还要把藤黄擦干。如果用得少一些，那就是用笔向藤黄块舐着用。最忌用水泡，尤其怕热水泡，一来颜色会失掉鲜艳，二来藤黄容易变红、变硬。石黄用法国制的，分三层使用。若先打底子，必须用蛤粉，忌用铅粉。

洋颜色里还有叫"青莲"的化学制品，它是像紫荆花那样的紫色颜色。花鸟画家往往用它和西洋红调和着使用。荷花的花瓣，鸳鸯的背羽，都使用它。关于调合众色，中国画是随着要表现的色彩灵活运用。至于调色的死板板地规定出比例数字，没有多大的用处，就不再占用篇幅。

最后对于全书来说，这仅是很不成熟的、很贫乏的一些研究资料。一方面是希望我们画家把古代画家使用色彩的优良传统继承下来；一方面要求我们画家在国家过渡时期总路线的光辉照耀下，依靠不断的实践，更科学地创造出更多的经验，同时吸收外来的营养来丰富自己，使我们民族绘画有更高的成就，这就是作者写这篇东西的动机和愿望。

附　录

一、《谈中国花鸟画创作》（于非闇）

俗话说"未从爱花先早起"，这是说"花晨"是看花最好的时光。正当宿雨初晴、骄阳乍吐，或是清露未晞、碧空如洗的时候，花卉越显得红的真红、绿的正绿，禽鸟也越显得更翠更碧，更加活泼可爱。唐白居易《忆江南》词"日出江花红胜火"，宋杜衍荷花诗"晓开一朵烟波上，似画真妃出浴时"。我们古代的花鸟画家们就知道，在柔和景色里的花和鸟是最惹人喜欢、最为人乐意欣赏的，他们深刻地、往复地观察、分析、比较和加工（包括晕染浓淡等手法），使得花和鸟在柔和的景色里更形象化、艺术化了。他们所创作出来的新鲜的花鸟画，就比真的花鸟更加活色生香、生动可爱。

所谓工笔花鸟画，不单纯是如实的描写，尽管说是"为花写照，为鸟传神"，但所画的花和鸟，都要求达到"形神兼到"，缺一不可。九世纪（唐）萧悦画竹，白居易题他的画竹诗说："举头忽见不似画，低耳静听疑有声。"这两句诗，不单是说明形和神的关系，而且更可以体会到中国花鸟画是描写动态的。对于花卉要反映出风晴雨露，对于禽鸟要描绘出食宿飞鸣，这和所谓"静物画"，从创作的方法上就有着根本的不同。

中国花鸟画创作，在搜集素材方面，通过眼睛仔细观察的同时，还必须通过脑子加以选择、分析和比较。对活生生的东西，从这面看看，还须从那面看看，还必须从四面八方、各个不同的角度上看出自己所认为好、认为可以入画的形象。古人是用炭松，今人是用铅笔，随时把它描画下来（用素描更好）。这样积累素材越多，认识到了形象的活力所在，去掉一些自认为关系不大或是枝枝节节的东西，反而显得所要表现的东西更干净、更集中、更突出，更可以显示出它的活力，这就逐步做到面貌与精神的结合，使得素材更好地为我所用。但对于禽鸟，这样做还不够，还要练习到使眼睛的观察和脑子的记忆更敏锐，从瞬息万变中找出各种鸟的各个不同的动作，进行默记默写，最主要是要找出它们动力的根源。必须经过这样深入的体验，自然就使各式各样的鸟的精神面貌，闭目如在目前，下笔就到了腕底了。禽鸟快速的动作，有时根本不可能在现场描写，而必须是经过"心画"之后，回到屋里去琢磨。

花鸟画遗产，自晚唐以来，传世的相当丰富（包括域内外）。学习遗产，应该研究古代画家对花鸟怎样看待、处理和表达，无论他们使用双勾法、没骨法、勾花点叶法，或是

"点垛翎毛"法。关于花鸟的笔墨技法，北宋以前比较单纯，北宋以后就更加多种多样。学习遗产要使它为我所用，这和学习古典文学差不多，学习为的是致用，最忌囫囵吞枣，我以为。

原载《人民日报》1956年12月23日第8版

二、《赵佶的花鸟画》（于非闇）

明朝人怀疑赵佶的画是不是出自他一人之手：有的贬低其价值，企图把这位"徽宗皇帝"的"圣艺"抽空，归之于当代名手如吴元瑜之类；有的抬高其价值，例如把赵佶的《雪江归棹图》说成同唐代的大画家王维的作品一样。

近年来，有些鉴赏家对赵佶的画也有两种看法：一种认为哪一幅画得最拙笨、最糟糕的，可能是赵佶的真迹；另一种认为赵佶根本不可能画这么多、这么好的画，大概都出于当时画院名手的代笔。

我们研究古代绘画，特别是研究赵佶的绘画，不能把他的画同书法割裂开来，而且还要把他早期、中期和晚期的书画相互结合起来研究。当然喽，大胆的怀疑还是可以的。

现在就我所见到的有年代可查的赵佶的书法，试给他排一下队（包括墨迹与石刻）。

赵佶二十二岁书"赐辟雍诏"石刻，公元1102年（崇宁元年壬午）。

二十七岁题"韩幹真迹"和"韩滉文苑图"、"八行八刑条"石刻，公元1107年（大观元年丁亥）。

二十八岁书"大观圣作碑"石刻，公元1108年（大观二年戊子）。

三十二岁书《瑞鹤图》诗并序，公元1112年（政和二年壬辰）。

三十四岁题《御鹰图》，公元1114年（政和四年甲午）。

三十九岁书"神霄玉清万寿宫碑"石刻，公元1119年（宣和元年己亥）。

赵佶的书法——"瘦金书"是有他自己的风格的。"赐辟雍诏"，只是一味的瘦硬；题韩幹、韩滉和"八行八刑条"在间架结构上有了进步；书《瑞鹤图》诗并序，不但形体更完整流利了，而且笔道也圆融，不是一味的瘦硬；题《御鹰图》，则是更加雄健；书"神霄玉清万寿宫碑"，由雄健又更苍老。单从这些有年款的书法看，可以看出他随着年龄增长而有显著的进步。但是从他二十二岁到三十九岁这些年款上看，他书法成为瘦劲清利是有他自己的一套的。那么，姑从笔法出发，说他画成最拙笨、最糟糕的那幅画，正好和他的书法不相符合，既不瘦劲，也不清利，又该怎么说呢？

赵佶的花鸟画，就我这几十年所见到的，包括那时尚未流出域外的，连不书年款或割去年款的在内，很可以看出他在艺术修养上不断地前进，创造出了他自己的风格。在未流出域外前，我所见到用十二梅纸画的《写生珍禽图》卷，在卷里画了四段墨竹，可以说只此一家，与众不同。在文献上说他写竹"紧密不分浓淡、一色焦墨，丛密处微露白道"，这四段墨竹，正好证明记录的正确。这卷里其他的花木翎毛，除非把他的瘦金书也全盘否定，不然就很难找出不是他画的根据。在这里，我还想举出赵佶的另外三卷画来：《祥花石图》卷（在故宫），《瑞鹤图》卷（在东北博物馆），《五色鹦鹉图》卷（现在域外）。这是三个不同内容、不同形式，而大小尺寸差不多、一半书一半画的"高头卷"。从它们的内容，很可以看出宋蔡绦《铁围山丛谈》和邓椿《画继》所记的依据。他使用双勾法和绚烂的形式，来表达五色鹦鹉和繁杏；他为了表达祥龙石的玲珑剔透，推进到九层，就使用了墨彩的形式；他的《瑞鹤图》在写汴京的瑞门丹阙（他使用了界尺画来表现），在臆造祥云（他使用了没骨法来表现），在写生白鹤（他又使用双勾"填青"来表现），他在这三卷画中，用笔用墨方面，例如，鹦鹉的嘴爪，杏花的花朵枝干，石头的锋棱皴染，二十只白鹤的羽毛嘴爪，等等，都呈露出和他瘦金书一样的笔法，更同他三十多岁时的书法相近。这三卷画，对于我们研究赵佶的花鸟，我想是很有用处的。

原载《人民日报》1956年12月28日第8版

三、《悼于非闇画师》（老舍）

于非闇画师的病故是全国画界的损失！

画师多才多艺：能画，能写，能刻印，善莳花，蓺鸽，养鱼，并善于鉴赏古器。从养花、养鸽等得来的知识，都运用在绘画上，所以他特精绘事，尤精于花卉翎毛。

画师在施彩运墨方面，多遵宋元秘法，可是构图状物，一本真实，所以他笔下的一花一木既饶古趣，又有所创造。他极重写生。即在晚年，虽已成名，可是还时刻留神观察百卉虫鸟，以求精确。每逢公园牡丹盛开，或某处闻有菊花展览，他必去详为赏览，勾画底稿多幅。每值我家菊开，画师必来，徘徊花间，见细瓣如针，或色微韵秀，频谓："这怎么画呢？怎么画呢？"事实上，他并不畏难；他千方百计地想办法，把最不易摹拟的画了出来。这便是创造，因为前人没有这么画过。

他善养鸽，著有专书。为了保卫世界和平的宣传，他画过各种各式的鸽子。对鸽子的姿态，他有多年的观察。可是，有一次朋友们求他作大幅的翔鸽图，他为了难。平日放鸽，他只能仰观。他没从上俯视过鸽子如何飞翔。于是，他就到城楼上去俯视鸽群的起落，而后动笔描画。这种严肃的态度，使许多青年画家受到感动。

他坚执日课，每日必画。他画工笔画，费时间较多。可是在解放后，他有多少作品啊。这证明他是如何精勤，至老不懈。他只住着三间小屋，但是他不因环境局促，而稍弛怠。绘画就是他的生命，一拿起笔来，他就得到无穷的乐趣，日夕不息地把春花秋卉赠给广大群众。是的，他的作品是雅俗共赏，受到普遍称赞的。到了晚年，他笔下的群芳特别明艳。他说：万紫千红，争奇斗艳，才足以配合新社会的新气象。

是的，他热爱新社会。他衷心感激党对他个人与对传统绘画的关切与爱护，为表示他个人对党的感激，他刻了一块图章，文曰"再生"。当他卧病医院的时候，他还念念不忘的就是画家要靠近党，在党的领导下发展国画事业。

入医院之后，他极为乐观。他相信自己会恢复健康，会创作出更多更好的作品来。可是，病痛夺去了他的生命，现在正在画舫斋展出的他的那幅极精彩的"牡丹鸽子"遂成绝笔！

非闇先生，安息吧！您的独具风格的作品会流传下去，您的徒弟们不但会继承您的画法，成为流派，而且也会发扬您的勤学苦练的精神，毕生不懈地争取青出于蓝而胜于蓝的成就。您的画界朋友们现在团结得很好，而且会更好，国画的发展的确可以做到百花齐放，推陈出新！安息吧，非闇先生！我们的国家正在百废俱兴，日趋富强，我们的美术事业也随之而欣欣向荣，生机活跃！

原载《人民日报》1959年7月7日第8版

四、于非闇绘画作品选

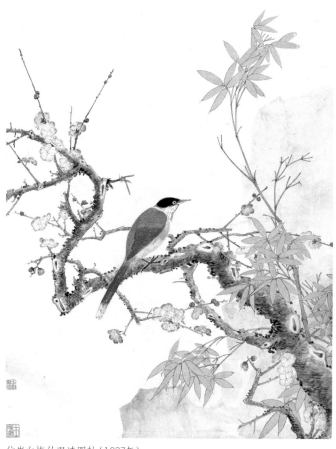

仿崔白梅竹双清图轴（1937年）

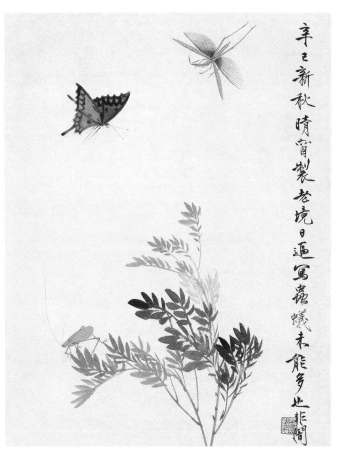

新秋晴窗（1941年）

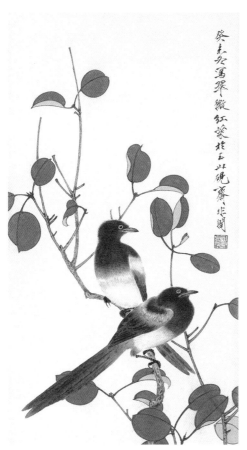

翠微红叶图（1943年）

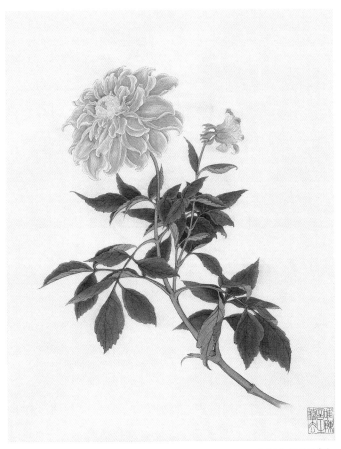

大丽花（1943年）

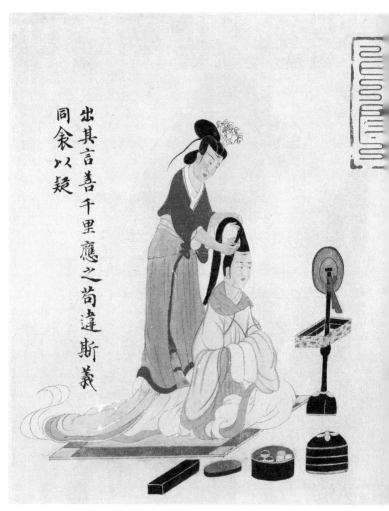

出其言善千里應之苟違斯義同衾以疑

摹顾恺之《女史箴图》(1954年)

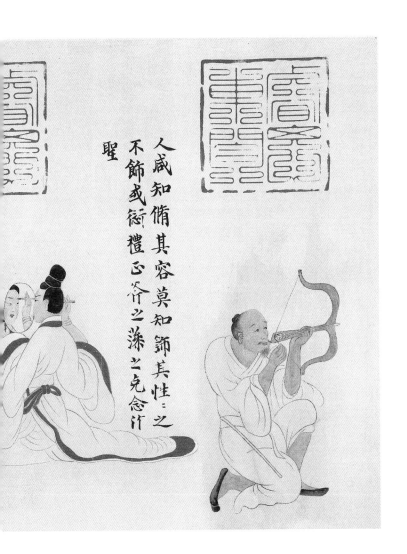

人感知脩其容莫知飾其性之
不飾或徇禮正符之滌之兇念行
聖

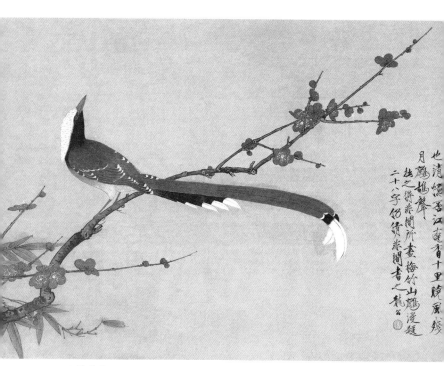

红梅鹇鸪图(1955年)

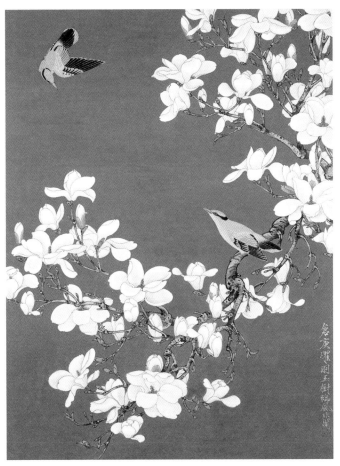

玉兰黄鹂（1956年）

五、附图

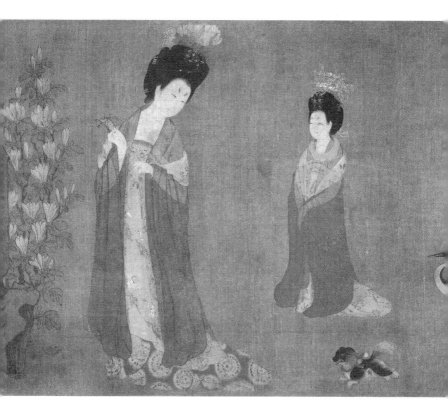

附图01：唐周昉《簪花仕女图》

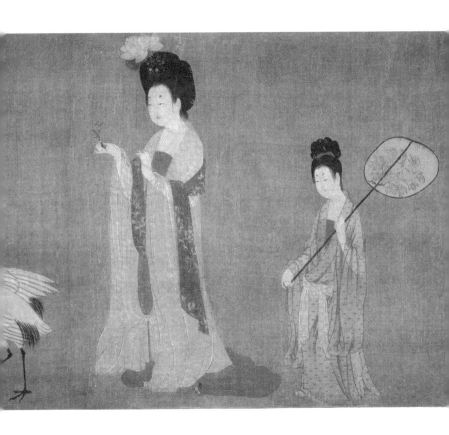

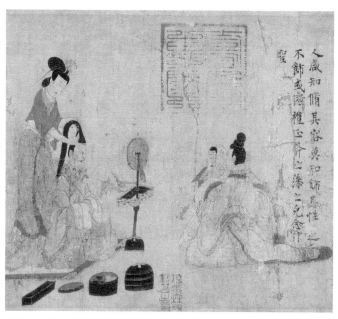

附图02：东晋顾恺之《女史箴图》

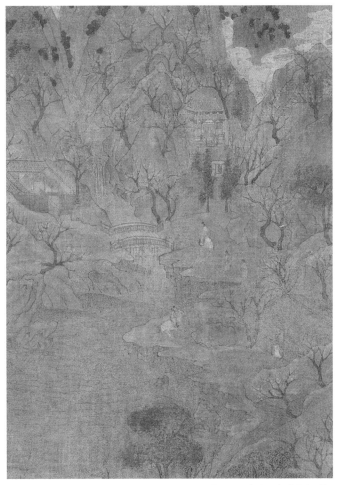

附图03：隋展子虔《游春图》

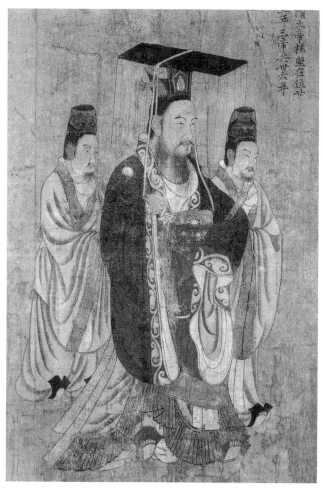

附图04：唐阎立本《历代帝王图》

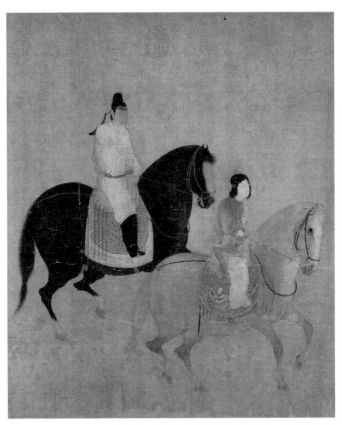

附图05：北宋赵佶《摹唐张萱〈虢国夫人游春图〉》

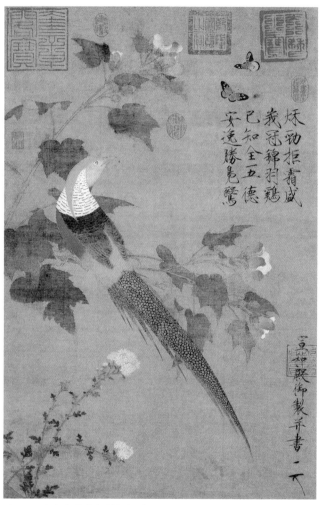

附图06：北宋赵佶《芙蓉锦鸡图》

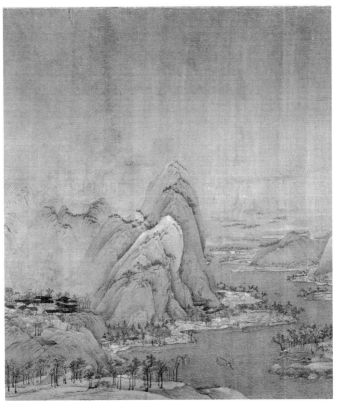

附图07: 北宋王希孟《千里江山图》

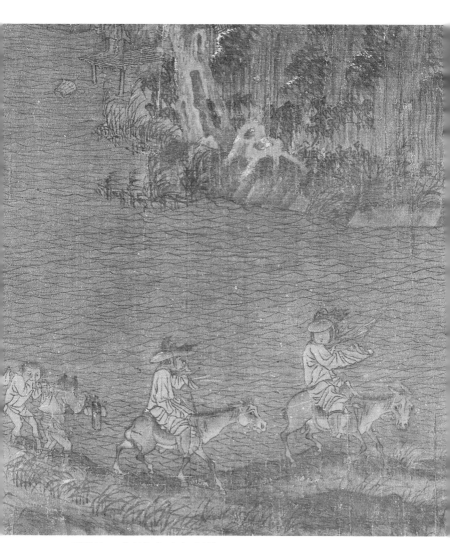

附图08：五代赵幹《江行初雪图》

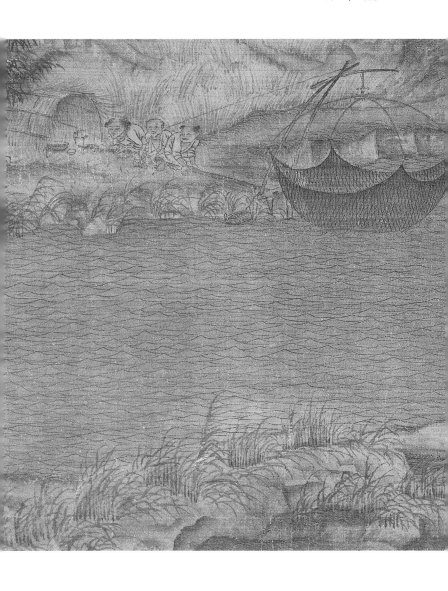

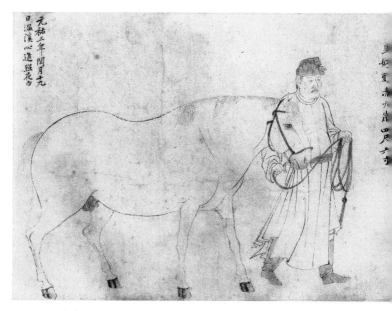

附图09：北宋李公麟《五马图》

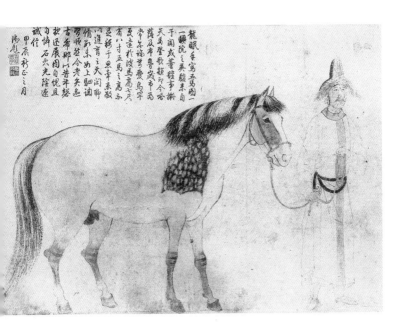

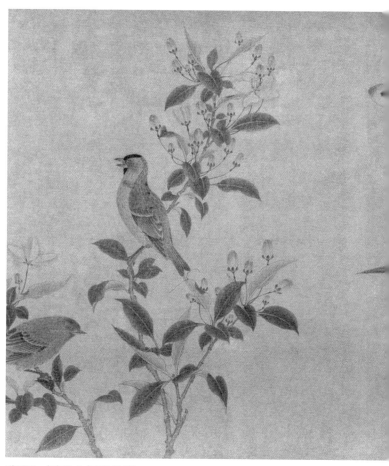

附图10：南宋佚名《百花图卷》

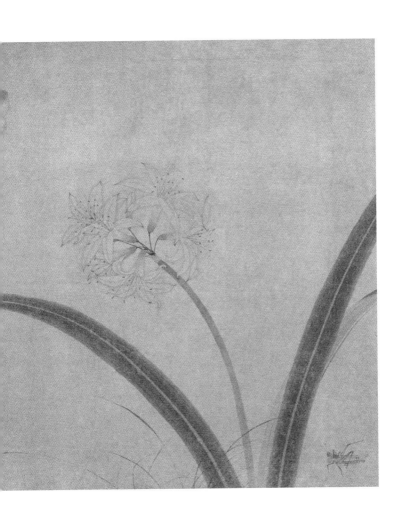

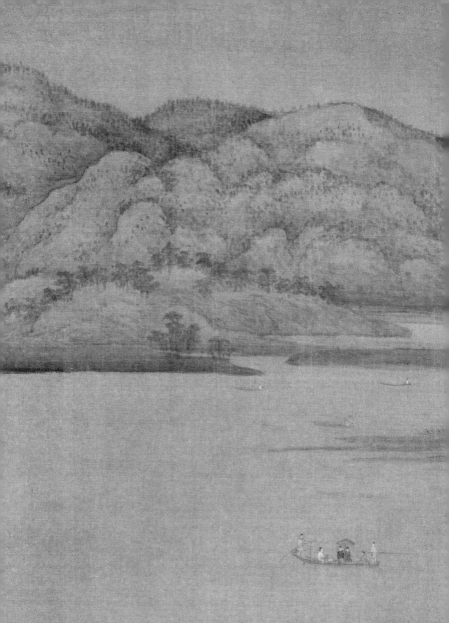

附图11：五代董源《潇湘图》

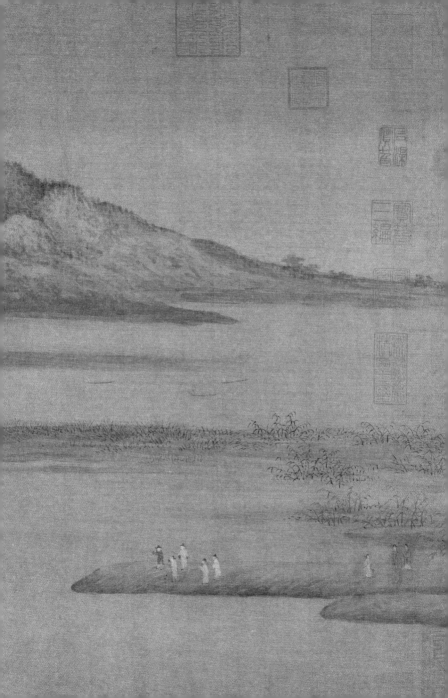

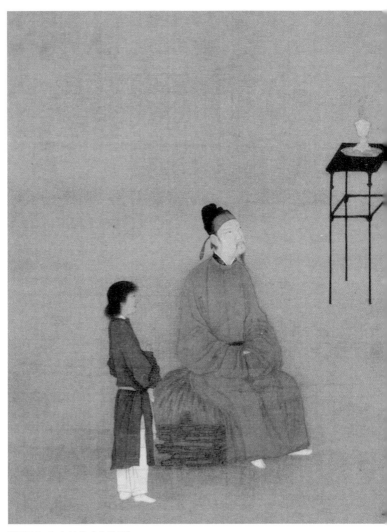

附图12：北宋赵佶《听琴图》

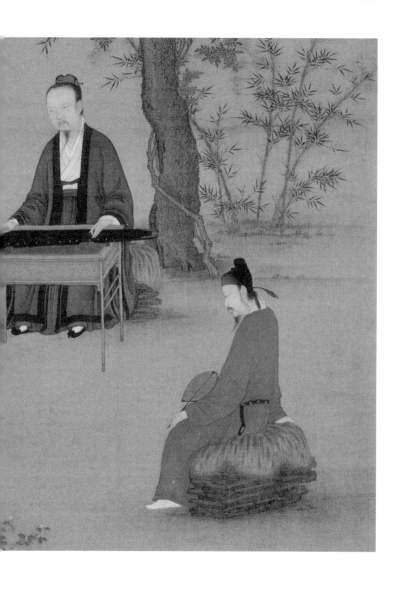

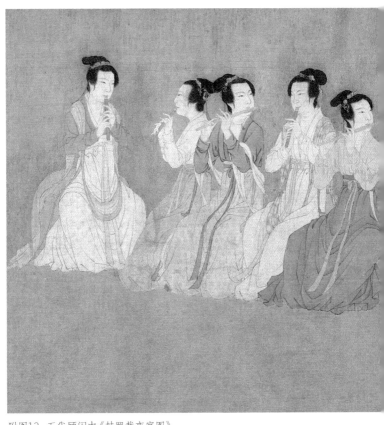

附图13：五代顾闳中《韩熙载夜宴图》

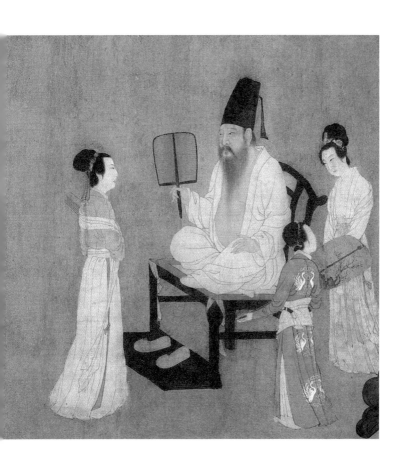

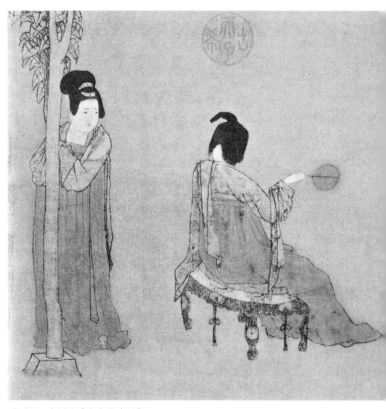

附图14：唐周昉《纨扇仕女图》

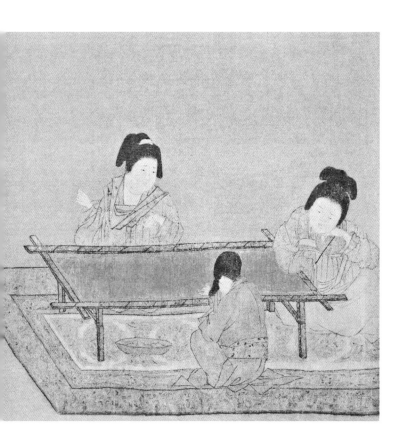

图书在版编目(CIP)数据

中国画颜色的研究 / 于非闇著. -- 杭州 : 浙江人民美术出版社, 2019.10 (2023.11重印)

(艺文志)

ISBN 978-7-5340-7553-7

Ⅰ. ①中… Ⅱ. ①于… Ⅲ. ①中国画－色彩学－研究 Ⅳ. ①J212.063

中国版本图书馆CIP数据核字(2019)第173592号

艺文志

中国画颜色的研究

于非闇 著

责任编辑	罗仕通
特约编辑	余 欢
责任校对	余雅汝
责任印制	陈柏荣

出版发行 **浙江人民美术出版社**
(杭州市体育场路347号)

经 销	全国各地新华书店
制 版	浙江新华图文制作有限公司
印 刷	浙江海虹彩色印务有限公司
版 次	2019年10月第1版
印 次	2023年11月第5次印刷
开 本	787mm×1092mm 1/32
印 张	4.5
字 数	78千字
书 号	ISBN 978-7-5340-7553-7
定 价	32.00元